WILLIAM WALKER ATKINSON

DIE ASTRALWELT

★ ★ ★ ★ ★ ★ ★

REISEN DURCH DIE FEINSTOFFLICHEN WELTEN

AURINIA

William Walker Atkinson
DIE ASTRALWELT – REISEN DURCH DIE FEINSTOFFLICHEN WELTEN
Aus dem Englischen von Nicole C. Celik

Dieses Buch wurde auf FSC®-zertifiziertem Papier gedruckt. FSC® (Forest Stewardship Council®) ist eine nicht staatliche, gemeinnützige Organisation, die sich für eine ökologische und sozialverantwortliche Nutzung der Wälder unserer Erde einsetzt.

Dieses Buch ist auch als Hörbuch auf CD (ISBN 978-3-943012-09-5) und als Download (auf www.aurinia.de) erhältlich.

Umschlagmotiv: fotolia.com
Lektorat: Anke Schenker
Satz, Lithografie und Herstellung: Robert B. Osten

Printed in Germany
ISBN 978-3-943012-13-2

7. Auflage

Besuchen Sie auch unsere Website: www.aurinia.de

Inhalt

Kapitel 1
Die sieben Ebenen

Jeder Schüler der geheimen Wissenschaften, die man auch »Okkultismus« nennt, vom schlichten Anfänger bis zum Fortgeschrittenen, weiß um die Wunder der außergewöhnlichen Ebene, die als Astralwelt bekannt ist. Der Anfänger ist selbstverständlich nicht in der Lage, das Leben auf dieser Ebene tatsächlich zu sehen, außer vielleicht in Ausnahmefällen oder unter besonderen Umständen. Doch begegnen ihm in den Abhandlungen seiner Lehrstudien immer wieder Verweise auf diese besondere Ebene und er entdeckt bald, dass sie Schauplatz einiger sehr eigentümlicher Erscheinungen ist.

Während er voranschreitet und mehr über die okkulten Gesetze und Prinzipien lernt, entwickelt er immer mehr Interesse für das Thema. Wenn er dann an den Punkt kommt, an dem er tatsächlich in der Lage ist, diese Ebene wahrzunehmen (astrales Sehen), öffnet sich ihm eine ganz neue Welt an Erfahrungen.

Sowohl die alten als auch die neuen okkulten Lehren berichten, dass es sieben Ebenen des Seins gibt. Die unterste Ebene ist die materielle, die physische Ebene. Dann folgt die zweite Ebene, bekannt als Ebene der Kräfte. Die dritte Ebene ist die astrale Ebene, gefolgt von der vierten, der sogenannten mentalen Ebene. Über diesen vier Ebenen gibt es noch drei weitere Ebenen, die den Okkultisten bekannt sind. Allerdings hat man für sie keine Namen oder Erklärungen, die von denen verstanden werden könnten, die sich auf den unteren Ebenen entwickeln. Zwar beziehe ich mich im Verlauf dieses kleinen Büchleins auf diese höheren Ebenen, werde aber aus den gerade genannten Gründen nicht versuchen, sie zu beschreiben. Gegenstand der vorliegenden Betrachtung ist ausschließlich die astrale Ebene, die ausreichend interessante Aspekte bei der Untersuchung der in ihr auftretenden Erscheinungen liefert, ohne dabei den Schleier zu den höheren Ebenen zu heben.

An dieser Stelle sollte erwähnt werden, dass jede der sieben Ebenen weitere sieben Unterebenen hat und diese wiederum sieben Unterteilungen usw. bis hin zur siebten Stufe. Du siehst also, dass es in den okkulten Lehren eine äußerst minutiöse Klassifizierung gibt.

Dem Schüler des Okkultismus fällt es anfangs gewöhnlich schwer, sich eine klare Vorstellung von dem Begriff »Ebene« – wie er in den okkulten Lehren verwendet wird – zu machen. Nimmt er das Lexikon zu Hilfe, neigt er dazu, sich eine Ebene im Sinne von mehreren geraden Schichten vorzustellen (im Sinne von Gesteinsschichten), über und unter denen wieder andere Schichten liegen. Für den okkulten Lehrer ist es recht schwierig, diese fehlerhafte Vorstellung aus den Köpfen der Schüler zu bekommen und durch das korrekte Bild zu ersetzen.

Diese fehlerhafte Vorstellung resultiert aus dem Denken, dass die Ebenen des Seins aus Materie bzw. körperlichem Stoff bestehen, was natürlich nicht korrekt ist. Wenn man sich ins Gedächtnis ruft, dass sogar die dichteste Form der Materie aus Schwingungen von Energie (von der modernen Wissenschaft auch so verstanden) besteht und dass selbst die Naturkräfte Manifestationen solcher Energieschwingungen sind, dann beginnt man, den Kern zu verstehen. Die Ebenen heben sich also nicht aufgrund ihrer unterschiedlichen Dicke oder Materie voneinander ab, sondern aufgrund der unterschiedlichen Schwingungsgrade ihrer Energie. Kurz gesagt, es gibt unterschiedliche Ebenen schwingender Energie, aber keine Ebenen irgendeiner Materie.

Die zweite übliche Fehlerquelle bei den unerfahrenen Schülern der Geheimwissenschaft besteht in der bildlichen Vorstellung, dass die Ebenen übereinander im Raum liegen. Dieses Konzept ist logischerweise eine Folge der irrtümlichen Annahme, dass die Ebenen aus einer Reihe von Schichten bzw. Gesteinsschichten feiner Materie bestehen. Oftmals bleibt dieser Gedanke auch dann noch erhalten, wenn der Schüler bereits verstanden hat, dass diese Ebenen aus unterschiedlichen Schwingungsgraden und eben nicht aus Materie bestehen. Aber letztendlich wird der Schüler zu der Überzeugung gelangen, dass Ebenen weder »Schichten« noch »Gesteinsschichten« sind.

Die Ebenen liegen im Raum nicht übereinander. Sie haben keine räumliche Abgrenzung oder Stufen. Sie durchdringen sich gegenseitig am gleichen Punkt im Raum. Ein einzelner Punkt im Raum kann sich auf allen der sieben Ebenen des Seins manifestieren.

Einige der alten Okkultisten versuchten ihren Schülern diesen Zustand der Dinge mit den Worten eines sehr berühmten alten Lehrers zu erklären, von dem der Aphorismus stammt: »Eine Ebene des Seins ist kein Ort, sondern ein Zustand des Seins.« Besser kann die korrekte geistige Vorstellung von einer »Ebene« im okkulten Sinn des Begriffs mit Worten nicht erklärt werden.

Den Schülern, für die es schwierig ist, sich mehrere Manifestationen, die jeweils eine eigene Schwingungsfrequenz besitzen und zur gleichen Zeit einen gemeinsamen Punkt im Raum einnehmen, vorzustellen, möchte ich sagen, dass in diesem Fall die Berücksichtigung der Erscheinungen der physischen Welt eventuell helfen könnte. So weiß z. B. ein jeder Physikstudent, dass ein Punkt im Raum Schwingungen von Hitze, Licht mit vielen Schattierungen, Magnetismus, Elektrizität, Röntgenstrahlen usw. enthalten kann, wobei jede dieser physikalischen Erscheinungen ihre eigene Schwingungsfrequenz besitzt und zum Ausdruck bringt und die anderen Erscheinungen dabei nicht beeinträchtigt.

Jeder Sonnenstrahl enthält verschiedene Farben, wobei jede Farbe ihre eigene Schwingung hat und dennoch keine andere Farbe verdrängt. In einem adäquaten Laboraufbau kann man jedes Licht, jede Farbe von den anderen Farben trennen und so den Lichtstrahl aufteilen. Die unterschiedlichen Farben ergeben sich lediglich aus den unterschiedlichen (ätherischen) Schwingungsfrequenzen[1].

So ist es auch möglich, mehrere Telegramme gleichzeitig über das gleiche Kabel zu verschicken, indem man für Sender und Empfänger unterschiedlich schwingende Grundtöne verwendet. Das gleiche Prinzip gilt für die kabellose Telegrafie. Du siehst also, dass es auch auf den physischen Ebenen viele Formen schwingender Manifestationen gibt, die zur selben Zeit den gleichen Punkt im Raum einnehmen.

Die materielle Ebene, die uns allen vertraut ist, hat natürlich ihre sieben Unterebenen mit entsprechend sieben mal sieben Unterabteilungen. Zunächst sind wir geneigt zu glauben, dass uns jede Form von Materie bestens bekannt ist. Das ist allerdings bei Weitem nicht der Fall; tatsächlich kennen wir nur einige wenige Formen. Die okkulten Lehren zeigen uns, dass es auf einigen der Fixsterne und Planeten unseres Sonnensystems Formen und Arten von Materie gibt, deren Schwingung wesentlich niedriger ist als die uns bekannte dichteste Form von Materie. Auf der anderen Seite berichten dieselben Lehren, dass es in anderen Welten und sogar (bis zu einem gewissen Grad) auch in unserer Welt Formen und Arten von Materie gibt, die weitaus höher schwingen als die uns bekannten höchsten Formen gasförmiger Materie. Dies ist zwar eine überraschende Aussage, doch jeder fortgeschrittene Okkultist weiß um diese Wahrheit.

---

1 Der Begriff »Frequenz« bezeichnet die Geschwindigkeit einer Schwingung. Eine hohe Frequenz bedeutet eine schnelle Schwingung, eine niedrige Frequenz das Gegenteil. (Anm. d. Hrsg.)

Früher hat die Physik Materie wie folgt eingeteilt: 1. Feststoffe, 2. Flüssigkeiten, 3. Gase. Doch die moderne Wissenschaft hat weitaus mehr Formen von Materie gefunden, die feiner und seltener sind als das feinste Gas. Diese vierte Rubrik wird als »ultra-gasförmige Materie« bezeichnet. Die Okkultisten hingegen wissen, dass jenseits dieser vierten Unterebene, die die Wissenschaft gerade entdeckt, noch drei weitere und feinere Unterebenen liegen, von denen die Wissenschaft derzeit noch keine Vorstellung hat.

Auf der nächsten Stufe der Skala des manifestierten Seins befindet sich die Ebene der Kräfte, über die nur wenig außerhalb der okkulten Wissenschaft bekannt ist, auch wenn die Physik bereits in diesen Bereich vorgestoßen ist. In den kommenden zwanzig Jahren wird sie noch weiter in dieser Richtung voranschreiten. Die Untersuchungen im Bereich Radioaktivität tragen dazu bei, mehr über diese Ebene der Manifestation in Erfahrung zu bringen.[2]

Wir finden auf der Ebene der Kräfte die sieben Unterebenen sowie die sieben mal sieben Unterteilungen. Es gibt Kräfte, die sich weit unter der Skala der gewöhnlichen Naturkräfte, die dem Menschen bekannt sind, befinden. Und genauso gibt es eine große Zahl an feineren Naturkräften am anderen Ende der Skala, über die weder der gewöhnliche Mensch noch der Wissenschaftler etwas weiß. Diese feineren Kräfte sind für viele Wunder im Bereich der okkulten Wissenschaften verantwortlich. Insbesondere die feine Kraft, die »Prana« oder auch »Lebenskraft« genannt wird, spielt bei allen okkulten Erscheinungen eine wichtige Rolle.

Über der Ebene der Kräfte befindet sich die große Astralebene, der wir uns in diesem Buch detaillierter widmen möchten.

---

2   Womit William Walker Atkinson – dieses Buch wurde erstmals um 1915 in den USA veröffentlicht – nur zu recht hatte, wenn man an die Leistungen von z. B. Albert Einstein und Werner Heisenberg denkt. (Anm. d. Hrsg.)

Kapitel 2
Astrale Regionen

In den okkulten Lehren finden wir häufig Verweise auf die »astralen Regionen« sowie auf deren Bewohner und Erscheinungen. Wie auch der Begriff »Ebene« hat der Begriff »Region« große Missverständnisse verursacht. Die alten Okkultisten verwendeten den Begriff in einer lockeren Art und Weise, da sie sich gewiss waren, dass für ihre Schüler die wahre Bedeutung unmissverständlich war. Es war ihnen gleich, ob andere Personen diesen Begriff verstanden. Doch der moderne Forscher, der nicht durch einen Lehrer unterstützt wird, ist durch den Begriff »Regionen der Astralebene« oft verwirrt und betrachtet sie häufig im Sinne des Begriffs »Himmel und Hölle«, den er aus der alten Theologie als bestimmte Orte im Raum kennt. Doch diese astralen Regionen sind lediglich vibrierende, also schwingende Manifestationen auf der Astralebene, die keinen bestimmten Bezug zu einem bestimmten Bereich im Raum haben und in so gut wie allen Bereichen des Raums vorkommen können und auch vorkommen. Die astralen Regionen nehmen denselben Raum ein wie die materiellen Regionen, wobei sich die Regionen gegenseitig nicht stören.

Der Begriff »astral« leitet sich von einem griechischen Wort ab, das »mit Bezug auf einen Stern« bedeutet und ursprünglich bei der Beschreibung des griechischen Himmels, dem Wohnsitz der Götter, verwendet wurde. Sinn und Gebrauch dieses Begriffs wurden dann in ihrer Anwendung erweitert, bis er schließlich benutzt wurde, um so etwas wie ein »Land der Geister« der alten Völker zu beschreiben. Man glaubte, dass dieses Land der Geister von Wesen mit ätherischer Natur bewohnt wurde; nicht nur von körperlosen

Geistwesen, sondern auch engelsgleichen Wesen einer höheren Ordnung.

Die alten Eingeweihten Griechenlands und anderer westlicher Länder hatten sich deshalb natürlich angewöhnt, den bekannten Begriff zu verwenden, um das zu bezeichnen, was wir im modernen Okkultismus als Astralebene kennen. Selbstverständlich verfügten die orientalischen Okkultisten über eigene Begriffe für diese Ebene der Manifestation, die von alten Sanskritwurzeln abgeleitet und wesentlich älter als die griechischen Begriffe waren. Da der Gebrauch der Sanskrit-Begriffe bei den westlichen Schülern jedoch oft Verwirrung stiftet, verwenden die besten orientalischen Lehrer bei der Unterweisung der westlichen Schüler fast immer die okkulten alten griechischen Begriffe.

Zu diesem Zeitpunkt des Unterrichts stellt sich dem Verstand des intelligenten Schülers gewöhnlich eine Frage, die ich an dieser Stelle beantworten möchte. Wahrscheinlich ist es der Verstand des Schülers, der jetzt in diesem bestimmten Moment diese Worte liest. Die Frage kann wie folgt formuliert werden: »Wie kann auch nur irgendjemand intelligent über die Erscheinungen der Astralebene sprechen, wenn sich diese Ebene auf einer höher schwingenden Skala befindet als die physischen Sinne? Wie kann jemand die Astralebene besuchen und Dinge auf ihr wahrnehmen, ohne dass sich der physische Körper entmaterialisiert?«

Diese Frage ist natürlich absolut gerechtfertigt und bescheinigt einen wissbegierigen Verstand, den man bei einem wahren Okkultisten immer vorfindet. Und kein wahrer okkulter Lehrer wird auch nur kurz zögern, dieses ehrlich zu beantworten. Denn – denkt immer daran, meine Schüler – die okkulte Lehre basiert nicht ausschließlich auf den Prinzipien, die die alten Okkultisten als Grundsätze, als »Evangelium« festgelegt haben. Respekt, ja! Großer Respekt wird diesen alten Lehren gezollt, keine Frage, doch jeder fortgeschrittene Okkultist weiß, dass er die Manifestation von okkulten Erscheinungen tatsächlich erfahren muss, bevor er diese dann ohne jeden Zweifel als okkulte Wahrheit verkünden kann. Solch eine Erfahrung macht jeder fortgeschrittene Okkultist, sobald er die dafür notwendige Entwicklungsstufe erreicht hat, die allein eine solche Erfahrung für ihn sicher macht. Wie jeder Wissenschaftler lernt auch der wahre Okkultist durch seine eigene Erfahrung, die auf den vorangegangenen Erfahrungen anderer aufbaut. Für den fortgeschrittenen Okkultisten ist die Erscheinung auf der Astralebene genauso real, genauso leicht wahrnehmbar wie die Erscheinung auf der materiellen Ebene für diejenigen, die auf dieser Ebene wirken. Doch um die Frage zu beantworten: Man muss den physischen Körper nicht auflösen oder entmaterialisieren, um die Astralebene und ihre Erscheinungen zu besuchen oder wahrnehmen zu können. Es gibt die folgenden zwei Wege, wie man auf die Astralebene gelangen kann: erstens durch Anwendung der astralen Sinne und zweitens, indem man im sogenannten »Astralkörper« reist. Wir werden uns nun diese beiden Wege nacheinander ansehen.

Mit dem Begriff »astrale Sinne« bezeichnen die Okkultisten diese weitere wunderbare Zusammenstellung an Sinnen, die in ihrer Funktion mit den fünf physischen Sinnen übereinstimmen und mit deren Hilfe man einen Eindruck von der Astralebene bekommen kann.

Jeder der physischen menschlichen Sinne hat sein astrales Gegenstück und so funktionieren die Sinne auf der Astralebene genau in der Weise wie die physischen Sinne auf der materiellen Ebene. Deshalb besitzt jedermann, wenn auch im schlummernden Zustand, aufgrund dieser fünf astralen Sinne die Fähigkeit, auf der Astralebene zu sehen, zu hören, zu fühlen, zu riechen und zu tasten. Ja, sogar mehr – wie alle fortgeschrittenen Okkultisten wissen. Der

Mensch hat tatsächlich sieben anstatt fünf physische Sinne, auch wenn diese zusätzlichen zwei Sinne nicht ausreichend entwickelt sind, damit sie der durchschnittliche Mensch benutzen kann (einem Okkultisten mit mittelmäßiger Leistung gelingt es jedoch im Allgemeinen, sie zu verwenden). Und sogar diese beiden zusätzlichen physischen Sinne haben ihr Gegenstück auf der Astralebene.

In den Fällen, in denen Personen ihre Wahrnehmung mittels astraler Sehkraft entwickelt haben, sei es zufällig oder durch Training, werden die Schauplätze der Astralebene genauso wahrgenommen wie die auf der materiellen Ebene mittels physischer Sehkraft. Der gewöhnliche hellsichtige Mensch erfährt in der Regel ein Aufblitzen dieser astralen Sehkraft und ist nicht in der Lage, willentlich astral zu sehen. Der trainierte Okkultist kann hingegen willentlich zwischen den unterschiedlichen Sinnen hin und her wechseln, wann immer ihm danach ist. Solche Okkultisten können tatsächlich auf beiden Ebenen gleichzeitig arbeiten, wenn sie es wünschen.

Im Fall von Hellsichtigkeit oder astralem Sehen bleibt der Okkultist in seinem physischen Körper und nimmt die Erscheinungen auf der Astralebene recht natürlich bzw. einfach wahr. Er muss sich hierfür nicht in Trance oder einen anderen unnormalen geistigen Zustand begeben.

Er ist dennoch immer mit seinem physischen Körper über einen spinnwebenähnlichen Faden aus ätherischer Substanz verbunden, der sich ausdehnt bzw. zusammenzieht, wenn sich der Okkultist von seinem schlafenden physischen Körper entfernt bzw. auf ihn zubewegt. Wird dieser Faden durch einen Unfall auf der astralen Ebene zerrissen, dann stirbt der physische Körper und er kann nie mehr zurückkehren. Solche Unfälle sind zwar selten, kommen aber vor, wie okkulte Aufzeichnungen belegen. Viele Menschen können zwar während ihres normalen Schlafs im Astralkörper reisen, erinnern sich aber nach dem Aufwachen nicht mehr daran. Der Okkultist hingegen reist aus einem bestimmten Grund bewusst und ist auf solchen Reisen immer hellwach. Er ist auf der astralen Ebene genauso zu Hause wie auf der irdischen.

So weißt du nun, Schüler, wie die okkulte Lehre bezüglich der Astralwelt erlangt wurde, und dass diese Lehre aufgrund tatsächlicher Erfahrungen auf einer festen Grundlage basiert – wie die Lehren, die auf physikalischer Beobachtung, Experimenten und Erfahrungen beruhen. Zudem kann jeder Okkultist die Lehre überprüfen – und auch tatsächlich Gebrauch davon machen.

Kapitel 3
Die Welt des Astralen

Unter den Okkultisten ist es gang und gäbe, von der astralen Ebene als »dem Astralen« oder zum Beispiel »im Astralen« zu sprechen und Wendungen wie »das Astrale besuchen«, »Erscheinungen des Astralen«, »Bewohner des Astralen« usw. zu verwenden. Der Schüler sollte sich mit diesem Gebrauch des Begriffes »das Astrale« bzw. »die Astralwelt« vertraut machen, um andere, die sich mit okkulten Lehren beschäftigen, zu verstehen und um selbst verstanden zu werden. Somit werde ich von nun an den Begriff »das Astrale/die Astralwelt« verwenden, um auf die astralen Regionen, die astralen Ebenen zu verweisen.

Dem Schüler fällt es anfangs mitunter schwer zu begreifen, dass die Astralwelt genauso real, beständig und feststehend ist wie die materielle Welt. Genauso wie Wasserdampf in Wirklichkeit so real ist wie Wasser und sogar Eis, so ist auch die Astralwelt genauso real wie die Welt der physischen Sinne. Was das also betrifft, sollten wir, wenn wir unsere materielle Welt unter einer großen Lupe betrachten würden, sie nicht als einen großen Körper aus fester Materie verstehen, sondern eher als eine Anhäufung einer unbestimmten Anzahl kleinster Partikel, die in Atomen, diese wiederum in Molekülen und diese wiederum in dichte Masse eingebaut sind.

Der Raum zwischen den Elektronen des materiellen Atoms ist im Vergleich genauso groß wie der Abstand zwischen den Planeten unseres Sonnensystems. Und jedes Elektron, Atom und Molekül bewegt sich permanent und intensiv. Unter einer Lupe mit ausreichender Vergrößerung würde nichts in der materiellen Welt als fest erscheinen. Hätte diese Lupe einen unendlichen Vergrößerungsfaktor, so würden sich sogar die Elektronen in wallendes Nichts auflösen und nichts wäre übrig, außer dem Äther, der schwerelos ist und von den Sinnen nicht wahrgenommen werden kann, auch nicht mit den besten technischen Hilfsmitteln. Somit ist also die Festigkeit von Dingen kaum in Relation zu stellen und vergleichbar. Die Schwingung der Substanz in der Astralwelt ist höher als die in der materiellen Welt. Doch sogar die astralen Schwingungen sind niedriger als die auf der nächsthöheren Ebene usw.

Demjenigen, der in der Astralwelt reist, erscheint die Szenerie und alles damit Verbundene genauso fest wie die festesten Dinge, die man mit den physischen Augen wahrnimmt. Und tatsächlich sind diese Dinge genauso fest wie auch der Astralkörper, in dem du die Astralwelt besuchst. In Wirklichkeit ist die Astralwelt in jeder Hinsicht genauso real wie die materielle Welt.

Die Naturkräfte sind für das physische Auge so nicht wahrnehmbar, sondern nur über die Manifestationen in der Materie. Doch diese Kräfte sind, wie wir alle aus Erfahrung wissen, sehr real. Du kannst die Elektrizität nicht sehen, doch wenn du einen elektrischen Schlag bekommst, erkennst du, dass sie real ist. Du kannst die Schwerkraft nicht sehen, doch dir wird ihre Wirklichkeit schmerzhaft bewusst, wenn dir ein Apfel auf den Kopf fällt oder du plötzlich hinfällst, wenn du auf der Straße stolperst. Tatsächlich sind alle Okkultisten der Meinung, wenn man wirklich von graduellen Unterschieden zwischen den Dingen sprechen könnte, dass die feineren Stoffe und Kräfte eher dazu neigen, im Gleichgewicht zu sein, als die weniger feinen Stoffe.

Also, Schüler, lass niemals zu, dass du die Astralwelt als etwas vergleichsweise Irreales oder nur relativ existent betrachtest. Ich spreche von dem Begriff »Wirklichkeit« natürlich nicht im metaphysischen Sinne, denn dann wäre das gesamte manifestierte Universum mit samt der Ebenen irreal im Vergleich zu der Einen Wirklichkeit.

Verfalle nicht dem Glauben, dass die astralen Sinne auch nur minimal weniger real, vertrauenswürdig und wichtig wären als die Sinne des physischen Körpers. Jede Gruppe von Sinneswahrnehmungen besitzt ihr Reich, in dem sie herrscht. Jede ist Herrscher in ihrem Königreich und man sollte nicht versuchen, einen Unterschied in Bezug auf die Realität zwischen ihnen zu machen. Zumindest handelt es sich bei allen um Mechanismen des Bewusstseins oder der Wahrnehmung, wobei jede an die bestimmten Anforderungen der Umgebung angepasst ist.

Die Astralwelt hat genauso wie die materielle Welt ihre eigene Szenerie, ihre eigene Geografie (!) und ihre eigenen »Dinge«. Diese Dinge sind genauso real wie England, der Vatikan, die St. Paul's Cathedral, das Capitol in Washington, der Broadway, der Piccadilly Circus, die Rue de la Paix, die großen Redwood Bäume in Kalifornien, der Grand Canyon oder der Schwarzwald. Ihre Einwohner sind genauso real wie die Menschen des Landes, in dem du lebst. Gleiches gilt für alle anderen Länder, deren Namen ich lieber nicht ausspreche, damit sie diese materielle Ebene nicht verlassen und dadurch »unwirklich« werden, noch bevor diese gedruckten Worte an deinem Auge vorbeigezogen sind. So unbeständig sind die Bewohner und Dinge dieser sogar realen (!) materiellen Welt.

Das Gesetz vom konstanten Wandel wirkt auf der astralen Ebene genauso wie auf der materiellen Ebene. Dort kommen und gehen die Dinge genauso wie hier. Halte einen Moment inne und konzentriere dich auf das Wesentliche, die Materie. Du erkennst, dass der Unterschied zwischen den Dingen auf diesen beiden Ebenen so simpel ist wie der Unterschied zwischen rot und blau: Es gibt lediglich einen Schwingungsunterschied zwischen den Stoffen.

Des Weiteren hat die Astralwelt die gleichen Gesetze wie die materielle Welt, was sehr wichtig für den Schüler ist. Diese Gesetze müssen erlernt und beobachtet werden, ansonsten werden die

Bewohner wie auch die Besucher der Astralwelt das Ergebnis ernten, das immer von gebrochenen Naturgesetzen herrührt. Noch einmal, es gibt in der Astralwelt etwas, was man »Geografie« nennen kann, wenn dieser Begriff aus der materiellen Welt in diesem Zusammenhang erlaubt ist. Es gibt dort Regionen, Raumpunkte, Orte, Königreiche, Länder usw. wie auf der materiellen Ebene. Manchmal haben diese astralen Regionen keine Verbindung zu einer Region auf der materiellen Ebene, wohingegen in anderen Fällen eine sehr direkte Verbindung bzw. Beziehung zu Regionen und deren Bewohnern auf der materiellen Ebene besteht.

Man kann auf der astralen Ebene von einer Region zur anderen reisen, indem man lediglich seinen Willen bemüht, denn dadurch wird die Schwingung des Astralkörpers angehoben, dabei aber nicht im Raum bewegt. Also, auf der astralen Ebene kann man im Raum von einem Punkt zu einem anderen reisen, wenn dieser Punkt eine Verbindung zu einem Punkt auf der materiellen Ebene besitzt.

Hier ist ein Beispiel für die gerade beschriebene Art zu reisen: Man kann in der Astralwelt z. B. von Berlin nach Bombay reisen – im Handumdrehen –, indem man es sich einfach nur wünscht oder es will. In der Astralwelt manifestieren sich Zeit und Raum. Doch nichtsdestotrotz kann es bestimmte astrale Manifestationen auf den sieben mal sieben Unterebenen geben (und die gibt es häufig auch), die genau den gleichen Punkt im Raum einnehmen, den du gerade jetzt in genau diesem Moment auf der materiellen Ebene einnimmst.

Wenn du über das Wissen und die Fähigkeit verfügst, kannst du all diese Unterebenen besuchen, eine nach der anderen, ohne dabei deinen Platz verlassen zu müssen. Dabei könntest du die jeweiligen Schauplätze und ihre Bewohner, ihre Erscheinungen und Aktivitäten beobachten und dann auf die materielle Ebene zurückkehren.

Und das alles in einem Augenblick und ohne deinen Aufenthaltsort im Raum zu verändern.

Oder, wenn du das vorziehst, kannst du zu jeder dieser Unterebenen in der Astralwelt reisen, an deinem Punkt im Raum, und dann reist du räumlich in der Astralwelt zu einem anderen Ort auf jener Unterebene. Du hast dann die Wahl, entweder den gleichen Weg zurück zu nehmen, den du gekommen bist, oder du kannst auf die materielle Ebene hinabsteigen und auf dieser in deinem astralen Körper dorthin zurückkreisen, wo sich dein physischer Körper gerade ausruht. Lies die letzten beiden Sätze so oft, bis du eine klare Vorstellung im Kopf hast. Denn nur dann wirst du auch das verstehen, was ich in den folgenden Kapiteln dieses Buches erläutern werde.

In den von mir gehaltenen Unterrichtsstunden empfand ich es immer als sehr nützlich für meine Schüler, die Erscheinungen der Astralwelt zu erklären, indem ich die Geschichte einer Reise dorthin erzähle. Dies eignet sich besser als eine trockene technische Beschreibung. In solchen Unterrichtsstunden setze ich voraus, dass sich die Schüler mit mir auf der astralen Ebene befinden und ich ihnen als Führer diene. Auf diese Weise scheinen sie ein klareres Bild von dem Thema zu bekommen. Nach reiflicher Überlegung bin ich zu dem Entschluss gelangt, diese Vorgehensweise zumindest teilweise in einigen Kapiteln zu übernehmen. Ich muss wohl kaum hinzufügen, dass die dargelegten Beschreibungen auf den Erfahrungen fortgeschrittener Okkultisten beruhen, mich inbegriffen, und keine dogmatischen, theoretischen oder spekulativen Äußerungen von bloßen »Buchstaben-Okkultisten« sind. Jede hier geäußerte Tatsache muss von jedem fortgeschrittenen Okkultisten selbst überprüft werden.

Kapitel 4
Die Grenze überschreiten

Ich halte es für nicht ratsam, an dieser Stelle die technischen Details zu beschreiben, die den Prozess des Verlassens und Übergehens des physischen Körpers in den feineren Astralkörper begleiten. Solch eine Beschreibung würde nur dazu führen, und sei sie nur eine bloße Andeutung der Tatsachen, dass die untrainierte Person eine Ahnung von dem Vorgang bekommt und dadurch eventuell geneigt ist zu experimentieren, was dann gegebenenfalls zu nicht wünschenswerten Ergebnissen führen kann. Somit überspringe ich aus den genannten Gründen diese Phase, was die Zustimmung jedes fortgeschrittenen Okkultisten und achtsamen Schülers des Okkultismus finden wird.

Jetzt, mein Schüler, siehst du dich außerhalb deiner physischen Form bzw. deines Körpers und lediglich gekleidet in deine astrale Hülle. Wahrscheinlich denkst du nun, dass ich mit dir scherze, denn du schaust auf deinen Körper und stellst fest, dass er nicht anders erscheint als sonst. Sogar deine Kleidung ist bis ins letzte Detail die gleiche – dies ist möglich aufgrund der perfekten Naturgesetze der Astralebene, die ich an dieser Stelle nicht näher erläutern kann. Dennoch realisierst du, dass du tatsächlich außerhalb deines physischen Körpers bist, sobald du deinen Kopf drehst und deine eigene physische Hülle wie auch meine wahrnimmst, die in den Sesseln, in die wir uns vor Kurzem gesetzt haben, anscheinend in einen tiefen Schlaf gesunken sind.

Bei näherer Betrachtung wirst du feststellen, dass deine wie auch meine astrale Hülle mit ihrem Gegenstück über einen dünnen, zarten Faden aus ätherischer Substanz verbunden sind, der einem glänzenden Seidenfaden eines Spinnennetzes ähnelt. Dieser Faden kann sich ausdehnen und zusammenziehen und ermöglicht dir, dich frei zu bewegen.

Nun fokussiere deine Aufmerksamkeit und deinen Willen, wie du es gelernt hast, derart, dass sich deine Schwingung erhöht und dabei in Einklang mit meiner Schwingung befindet, sodass du in meiner Gegenwart bleibst, anstatt dich ohne mich auf andere Unterebenen oder untere Bereiche zu begeben. Du würdest es als nicht sicher oder angenehm empfinden, meine Gegenwart zu verlassen, solange du noch nicht gelernt hast, dich durch diese seltsamen Gewässer zu lotsen.

Du befindest dich nun mit mir in einer seltsamen Atmosphäre, auch wenn du dich keinen Zentimeter im Raum bewegt hast. Sozusagen hinter dir nimmst du den Raum, in dem wir gerade waren, schwach wahr. Und vor dir siehst du seltsame Blitze und Streifen von phosphoreszierendem Licht in verschiedenen Farbtönen und Schattierungen. Dieses sind die Schwingungen und Wellen der Kraft, denn nun passierst du die Ebene der Kräfte. Dieser leuchtende bläuliche Streifen markiert das Vorbeiziehen einer elektrischen Energie – wahrscheinlich eine kabellose Nachricht, die durch den Raum rast. Hinter deinem Rücken, auf meinem Tisch, siehst du den Briefbeschwerer aus magnetischem Erz oder Magnetstein, der immer dort liegt. Doch jetzt siehst du dieses eigentümliche Nachleuchten an seinen Polen, das auf der materiellen Ebene nicht sichtbar ist.

Du bemerkst außerdem ein besonderes schwaches Leuchten um jedes Objekt herum: Dies ist die Kraft der atomaren und molekularen Anziehung. Noch schwächer erkennst du ein eigentümliches Strahlen, das die gesamte Atmosphäre durchdringt: Hier handelt es sich um das sichtbare Zeichen der Gravitationskraft. Diese Dinge sind allesamt sehr interessant, und wärest du ein gelernter Physiker oder herausragender Naturwissenschaftler, würde man dich kaum von dieser Ebene wegbekommen, so interessant wäre das Untersuchen dieser sichtbar gemachten Kräfte. Da du aber eine solche Person nicht bist, wirst du noch mehr interessante Dinge zu Gesicht bekommen.

Fühle nun, wie sich die Schwingung der Lebenskraft erhöht, und nimm wahr, wie das Gefühl der Schwere von dir abzufallen scheint. Du fühlst dich so leicht wie eine Feder und hast den Eindruck, als wenn du dich ohne jegliche Mühe fortbewegen könntest. Nun, du kannst jetzt beginnen zu gehen. Ja, »gehen« habe ich gesagt! Du bist immer noch auf der Erde und der Boden des Raumes ist immer noch unter deinen Füßen.

Lass uns durch die Wand des Raumes gehen und hinaus auf die Straße. Hab keine Angst, geh durch die Wand, als wäre sie aus Nebel. Na bitte, siehst du, wie leicht es ist? Es ist merkwürdig, wirklich durch eine Steinwand zu gehen, nicht wahr? Doch es wird noch kurioser, wenn du aufhörst, es so aufzufassen, als ob wir uns bewegt hätten. Die Wand ist durch unsere dünne Substanz gedrungen und nicht umgekehrt. Das ist das wahre Geheimnis des Ganzen.

Lass uns jetzt die Straße hinuntergehen. Tritt hinaus, als wärst du aus Fleisch und Blut – doch warte einen Moment! Da, der Mann ist einfach durch dich hindurchgegangen! Und er hat dich dabei noch nicht einmal gesehen! Ist dir klar, dass wir Geister sind? Ebenso ein Geist wie Hamlets Vater, nur mit dem Unterschied, dass dessen physischer Körper im Boden vor sich hin modert und unsere Körper im schlafenden Zustand darauf warten, dass wir zu ihnen zurückkehren. Da, der Hund hat dich gesehen. Und das Pferd spürt vage deine Anwesenheit! Schau, wie nervös es ist! Tiere verfügen im Vergleich zum Menschen über ausgeprägte übersinnliche Wahrnehmungen.

Aber denk nicht weiter über dich nach und betrachte die Menschen, die an dir vorbeigehen, ganz genau. Du wirst bemerken, dass jeder von ihnen von einer eiförmigen Aura umgeben ist, die sich ungefähr einen Meter um den Körper herum ausdehnt. Fällt dir, wie bei einem Kaleidoskop, das ständig wechselnde Farbspiel in der Aura auf? Achte auf die unterschiedlichen Farbtöne und auf das jeweilige Vorherrschen besonderer Farben! Du kennst die Bedeutung dieser Farben, da ich sie dir nahegebracht habe.[3]

Schau dir das wunderschöne spirituelle Blau an, das den Kopf der Frau umgibt! Und hier kommt ein intellektueller Riese: Sieh dir dieses wunderschöne Goldgelb um den Kopf herum an, wie ein Heiligenschein. Doch mir gefällt der roten Schatten um seinen Körper nicht und man sieht deutlich, dass das Blau in der Aura fehlt! Es fehlt ihm an harmonischer Entwicklung.

Siehst du diese großen Wolken aus halbleuchtender Substanz, die langsam dahinziehen? Schau, wie die Farben in ihnen wechseln. Dies sind Wolken aus Gedankenschwingungen, die die zusammengesetzten Gedanken unzähliger Menschen darstellen. Nimm auch wahr, wie jeder Gedankenkörper kleine Fragmente ähnlicher Gedankenformen und -energien zu sich heranzieht. Hier siehst du die Tendenz der Gedankenkräfte, Gleiches anzuziehen, wie beim Sprichwort »Gleich und gleich gesellt sich gern«, wie Gedanken, die nach Hause kommen und ihre Freunde mitbringen – sprich, jeder Mensch schafft seine eigene Gedankenatmosphäre.

Apropos Atmosphäre, fällt dir auf, dass jedes Geschäft, an dem wir vorbeigehen, seine eigene besondere Gedankenatmosphäre hat? Wenn du in die Häuser auf beiden Seiten der Straße siehst, wirst du feststellen, dass dies auch hier der Fall ist. Die Straße selbst hat ihre ganz eigene Atmosphäre, die durch die verschiedenen Gedan-

---

3   Über die Aura siehe auch Walter E. Butler, »Die Aura – Sehen und Deuten« aus dem Aurinia Verlag. (Anm. d. Hrsg.)

ken der Bewohner und Besucher kreiert wird. Nein, geh nicht in diese Seitengasse, ihre astrale Atmosphäre ist zu niederschlagend und ihre Farben sind zu schrecklich und abstoßend für dich – im Moment. Du könntest beim Anblick entmutigt werden und dich in deinen physischen Körper zurückziehen, um dich zu erholen!

Schau dir diese Gedankenformen an, wie sie durch die Atmosphäre fliegen! Welch Vielfalt an Formen und Farben! Einige sind wunderschön, die Mehrzahl neutral in ihrem Farbton, und hin und wieder sieht man eine wütende, feurige Gedankenform, die sich ihren Weg bahnt. Beobachte die herumwirbelnden kleinen zyklonenförmigen Gedankenformen, die aus dem Geschäftshaus herausgeworfen werden. Auf der anderen Straßenseite siehst du ein großes Oktopusmonster einer Gedankenform, das seine großen Tentakel herumschwingt, um die vorbeigehenden Personen in die grellen Tanzlokale und finsteren Spelunken zu locken. Es ist ein teuflisches Monster und wir würden gut daran tun, es zu vernichten. Richte deine Konzentration auf das Monster und zwinge es so, aus seinem Dasein zu scheiden. Genau, so ist es richtig, schau wie es anfängt zu kränkeln und zu schrumpfen! Doch leider werden mehr von seiner Sorte nachkommen. Bewege dich nun mithilfe deiner Willenskraft über die Häuserdächer. Es wird dir leichtfallen, sobald du erkennst, dass du es kannst. Dieses Mal habe ich dir dabei geholfen, doch sobald du selbstbewusster geworden bist, wird es ganz einfach sein. Aber wenn du dein Selbstvertrauen verlierst und Angst bekommst, stürzt du hinunter auf den Boden und verletzt deinen Astralkörper.

Schau nun aus dieser Höhe nach unten. Du siehst eine Vielzahl kleiner kerzenähnlicher Lichter. Jedes steht für eine menschliche Seele. Hier und da siehst du einige deutlich hellere Lichter, und weit voneinander entfernt siehst du ein paar Lichter, die wie ein leuchtender elektrischer Funke aussehen: Hierbei handelt es sich um die aurischen Zeichen hoch entwickelter Seelen. Lass' dein Licht leuchten! Betrachte das aus jenem ärmlichen Haus emporsteigende Leuchten religiöser Danksagung und vergleiche es mit der unangenehmen aurischen Atmosphäre der danebenliegenden prächtigen Kirche: Begreifst du das Wesen der Spiritualität und siehst du ihre Abwesenheit in diesen Kirchen?

Doch diese Anblicke, so interessant und nützlich sie auch sein mögen, um dir die Lehren zu veranschaulichen, in denen du unterrichtet worden bist oder die du aus dem Handbuch kennst, wiegen weitaus weniger als die Dinge, denen wir in Kürze begegnen werden. Komm, nimm meine Hand. Unsere Schwingung beginnt nun, sich zu erhöhen. Komm!

Kapitel 5
Einige niedere Unterebenen

Jetzt, mein Schüler, treten wir in die Schwingungen der niederen Unterebenen der Astralwelt ein. Du musst dich stärken für den Anblick einiger unangenehmer Dinge, doch hab keine Angst, denn dir kann nichts geschehen, solange ich bei dir bin. Wärest du allein hier und wüsstest nicht, wie du dich selbst schützen kannst, könntest du die Erfahrung als sehr furchterregend empfinden. Doch auch dann, wenn dir dieses Wissen fehlen würde, wärst du sicher, wenn du in einem positiven geistigen Zustand bleibst und die Macht der astralen Bewohner, dir Schaden zuzufügen, nicht anerkennst. Eine gefestigte geistige Haltung und das Behaupten deiner eigenen Immunität wirkt wie eine Barriere, die diese Einflüsse nicht durchdringen können.

Dein erster Eindruck ist, dass die materielle Welt mit all ihren Schauplätzen um dich herum immer noch existiert. Doch bei näherem Hinsehen erkennst du, dass es zwischen diesen Schauplätzen und der Ebene, auf der du vorläufig verweilst, scheinbar einen eigentümlichen Schleier gibt. Dieser Schleier, der zumindest halbdurchsichtig ist, scheint nichtsdestotrotz ein seltsames Äußeres von beständiger Festigkeit zu haben. Gleichzeitig erkennst du instinktiv, dass er eine Barriere zum Übergang zur materiellen Ebene und den astralen Wesen darstellt.

Ich ändere nun für einen Moment unsere Schwingung in die einer sehr unangenehmen Unterabteilung der niedersten Unterebene. Hierbei handelt es sich um den Bereich, den die alten Okkultisten gewöhnlich »den astralen Friedhof« nannten. Wir bleiben auf dieser Schwingungsebene nur einen Augenblick, da sie einen grässlichen Anblick bietet und ihre Atmosphäre äußerst deprimierend ist. Halt dich an mir fest und drück dich eng an mich, denn du wirst instinktiv ein Verlangen nach Schutz haben. Um dich herum starren dich zerfallende Formen menschlicher Wesen und sogar einiger Tiere an. Es scheint, als schwebten diese Formen im Raum. Sie erscheinen real und andererseits wieder nicht. Dir wird klar, dass es keine physischen Körper sind, und doch ähneln sie zu sehr physischen Leichen, als dass du sie als angenehm empfinden könntest. Nimm die Umgebung noch einmal genau wahr, da ich unsere Schwingung in Kürze verändern werde.

* * *

So, diesen Schauplatz haben wir hinter uns gelassen! Doch bevor wir weitergehen, machen wir eine kleine Pause und reflektieren das gerade Erlebte. Diese zerfallenden astralen Formen werden von den Okkultisten »astrale Hülle« genannt. Die astrale Hülle ist tatsächlich eine astrale Leiche, genauso wie der physische Körper im Grab die materielle Leiche ist. Denn wie wir gleich sehen werden, verlässt die körperlose Seele am Ende die Astralwelt und begibt sich auf die als den Okkultisten bekannte geistige bzw. spirituelle Ebene des Seins, die in der menschlichen Vorstellung durch den Himmel verkörpert wird – was auch alle Religionen lehren. Wenn die Seele weiterzieht, lässt sie den zuvor in der Astralwelt bewohnten astralen Körper zurück. Dieser astrale Körper – oder astrale Form – beginnt zu verfallen und verschwindet mit der Zeit komplett, da er sich in seine ursprünglichen Bestandteile auflöst. Während dieses Prozesses verweilt er in diesem besonderen Bereich, einem der niederen Unterabteilungen der niedersten astralen Unterebene. Dieser besondere Bereich dient keinem anderen Zweck und ist getrennt von den anderen Unterabteilungen.

Es gibt einen großen Unterschied zwischen den astralen Hüllen der unterschiedlichen Individuen, wenn man sich ansieht, wie lange sich die Hüllen an diesem besonderen Platz des Zerfalls befinden. So zerfällt z. B. die astrale Hülle einer sehr spirituellen und nach Idealen strebenden Person in der Tat sehr schnell, da ihre Atome nur eine geringe oder keine kohäsive Anziehung haben, sobald die Hülle abgelegt wurde. Im Vergleich dazu bleibt die astrale Hülle einer Person mit irdischen Idealen und materiellen Bestrebungen weitaus länger bestehen, da die vom Besitzer der Hülle erzeugte anziehende Kraft so groß ist.

Diese astralen Körper sind »tot« und verfügen weder über Bewusstsein noch über Intelligenz. In der Regel können sie noch nicht einmal als lebendig erscheinend herbeigerufen werden wie die der Gattung der astralen Formen, bekannt als »Gespenster« oder »Schatten«, die zu einer etwas anderen Kategorie gehören und die wir uns kurz ansehen werden. Dort! Fixiere für einen Moment die Szene, bevor ich die Schwingung erneut erhöhe.

Unser flüchtiger Blick auf den unteren Bereich der Astralwelt, auf dem die geisterhaften Formen bleiben, war zwar kein angenehmer Blick, aber ein interessanter, da er einige besondere Merkmale psychischer und okkulter Erscheinungen erklärt, die oft fehlinterpretiert werden. Du hast bemerkt, dass diese Geister nicht im astralen Raum schwebten wie die Hüllen, die wir gerade gesehen haben, sondern sich wie schemenhafte menschliche Wesen verhielten, die sich in einem betäubten bzw. traummähnlichen Zustand befinden. Du hast gesehen, wie sie wie im Traum ohne festgelegtes Ziel und ohne Grund umhergegangen sind. Ein seltsamer, unangenehmer Anblick.

Tatsächlich sind diese Geister von den Seelen verlassene astrale Hüllen, die aber noch genug Energie haben – herrührend durch die Gedanken und Schwingungen des vormaligen Besitzers –, um vorübergehend den Eindruck zu vermitteln, sie wären lebendig und aktiv. Diese Energie nimmt stetig ab und die Hülle sinkt somit in die Unterebene, die wir vor einiger Zeit gesehen haben. In der Zwischenzeit verweilt sie in diesem besonderen Bereich. Im Falle einer Seele mit hohen Idealen und spirituellen Zielen bleiben praktisch keine materiellen Gedankenschwingungen zurück, die den astralen Körper »erhalten«, nachdem sich die Seele zurückgezogen hat. Ihre höhere Natur hat diese niederen, aber starken Schwingungen neutralisiert. Doch bei einer Seele, die starke materielle Gedanken und Wünsche hat, ist die Energie wesentlich stärker. Auch wenn die höhere Natur der Seele diese nach oben über die Astralebene hinweg gezogen hat, können die niederen geistigen Schwingungen weiter in der verlassenen astralen Form bestehen und dieser somit den Anschein von Leben und Aktivität geben und, obwohl sie eine Fälschung ist, eine Zeit lang beachtliche Energie manifestieren.

Die Energie der Fälschung dieser geisterhaften Formen nimmt kontinuierlich ab, doch in manchen Fällen bleibt sie für eine vergleichsweise lange Zeit bestehen. In der Regel verliert sich die Energie in der beschriebenen Art und Weise, doch in anderen Fällen wird sie regelrecht verfeuert – so wie ein Funke durch Pusten sichtbar gemacht wird –, und zwar mithilfe eines übersinnlichen Impulses einer auf der materiellen Ebene lebenden Person. Ich spiele damit auf die in »Zirkeln« und durch mediale Menschen auf unserer Ebene bzw. in unserem irdischen Leben erzeugte Energie an. Diese psychische Energie, verbunden mit einer starken geistigen Anziehung zwischen Personen des irdischen Lebens und der geisterhaften Form, kann dazu führen, dass die geisterhafte Form ihre vorherige Gestalt manifestiert, entweder über eine mehr oder weniger vollständige Materialisation oder Teilmanifestation mithilfe des physischen Körpers des anwesenden Mediums oder mehrerer Medien.

In solch einem Fall strebt der durch die psychische Kraft des

Mediums – oder derjenigen, die den magischen Kreis bilden – wiederbelebte und scheinbar lebhafte Geist danach, sich mittels Sprache, automatischem Schreiben, Klopfen oder anderem zu offenbaren.

Doch im besten Fall sind seine Bemühungen lasch und fehlerhaft. Und die Zeugen dieser Erscheinung werden sich immer dunkel daran erinnern, dass »irgendetwas nicht gestimmt hat«, irgendetwas fehlte. In einigen Fällen lebt die Schwingung alter Erinnerungen in der geisterhaften Form weiter, wodurch der Geist Fragen relativ gut beantworten und auf vergangene Erfahrungen hinweisen kann. Doch auch hier bleibt ein Schatten von Unwirklichkeit zurück, der dem achtsamen Beobachter zu denken gibt.

Es gibt noch viele andere Methoden, den Geist teilweise oder komplett »zurückzuholen«, doch vieles, das für eine echte Erscheinung gehalten wird, ist in Wirklichkeit nur eine Manifestation dieser geisterhaften Formen, mit deren wahrer Natur wir uns bereits bekannt gemacht haben, als wir einen Blick auf ihren Aufenthaltsbereich warfen. Des Weiteren »borgen« sich diese Wesen (wenn man sie denn so nennen will), zusätzlich zu ihren eigenen schemenhaften Erinnerungen, Gedanken und Eindrücke aus den Köpfen der Medien oder der Personen im Kreis und werden dadurch auf zweierlei Weise zu Spiegelbildern und Fälschungen.

Diese Geister haben keine Seele. Die Seele, die einst diese Gestalt bewohnte, ist auf eine höhere Ebene aufgestiegen und befindet sich in Unkenntnis über das Tun ihrer verlassenen Hülle. Es ist mitleiderregend mit ansehen zu müssen, wie solch eine falsche geisterhafte Form als Seele eines Verstorbenen von den Menschen akzeptiert wird, die ihn im irdischen Leben geliebt haben. Ein Mangel an wahrem okkulten Wissen lässt oftmals derlei bedauerliche Fehler zu. Der wahre Okkultist lässt sich auf diese Weise niemals täuschen. Diese Geister sind genauso wenig »verstorbene Seelen« oder ein »göttlicher Geist«, wie eine galvanisierte physische Leiche das Individuum ist, von dem sie zuvor bewohnt wurde – auch wenn sie aufgrund des Stromflusses ihre Muskeln bewegen und das Leben auf mechanische Art und Weise wiedergeben kann. Sie alle bleiben Leichen und verlassene Hüllen – dies sowie das verbleibende Echo der Schwingung ist schlicht und einfach das, was der geisterhaften Form entspricht.

Kapitel 6
Körperlose Seelen

Du fragst logischerweise: »Aber wo sind die körperlosen Seelen? Ich habe damit gerechnet, sie zu sehen, sobald wir die Grenze zur Astralwelt überqueren!« Genau! Das erwartet der Neophyt im Allgemeinen, wenn er zum ersten Mal einen Blick auf die Schauplätze der Astralwelt wirft. Doch wenn er nicht gerade über bestimmte Unterebenen auf einmal stolpert, dann neigt er dazu, enttäuscht zu sein. Der beste Weg, dich die Geschichte zu lehren, besteht darin, dir die unterschiedlichen Unterebenen zu zeigen, während du meinen Erklärungen des Gesehenen lauschst.

Du wirst bemerken, dass sich unsere Schwingung verändert und intensiver wird. Wir gelangen nun auf eine sehr schöne Unterebene bzw. auf eine der unteren Abteilungen solch einer Ebene.

Diese Region, so merke dir, liegt am Eingang, der vom Gesetz der Astralwelt streng bewacht und von bestimmten hochspirituellen Mächten gesichert wird. Es ist ein heiliger Ort. Kein Besucher ist hier zugelassen, es sei denn, er ist hochspirituell und reinen Herzens. Sogar für einen geübten Okkultisten ist es unmöglich, in diese Schwingung zu treten, wenn er diese Bedingungen nicht erfüllt. Diese Region ist für eine gewisse Zeit der Ruheort der körperlosen Seelen, nachdem sie den physischen Körper verlassen haben. Sie verweilen dort so lange in einem friedlichen Schlummerzustand, bis die Natur in ihnen eine bestimmte Aufgabe für ihre neue Lebensebene kreiert. Diese Phase wird verglichen mit der Kokon-Phase, also der zwischen Raupe und Schmetterling, in der eine komplette Transformation durchgeführt wird und die Flügel des neuen Lebens entwickelt werden, um die alte kriechende Form abzulösen.

Wir befinden uns nun auf dieser besonderen Unterebene. Begib dich mit größter Verehrung und Liebe der gesamten Menschheit in die tiefe Betrachtung ihrer Wunder. So weit das Auge reicht, siehst du schlummernde Formen von körperlosen Seelen, wobei sich jede astrale Form in einem traumlosen Zustand befindet. Auch wenn du nicht so gut unterrichtet wärst, würdest du erkennen, dass diese Formen nicht tot sind, sondern lediglich schlafen. Man nimmt in der Atmosphäre dieser Region keine Art von Tod oder Leichen wahr, du spürst nichts Deprimierendes, nur ein Gefühl von unendlicher Ruhe und unendlichem Frieden. Da du dich spirituell entwickelst, nimmst du ohne Zweifel die Gegenwart von einigen hohen spirituellen Wesen wahr. Auch wenn du sie nicht sehen kannst – aufgrund ihrer hohen Schwingung, die auch für das astrale Sehvermögen zu hoch ist –, bei diesen Wesen handelt es sich um hohe spirituelle Hüter dieser Sphäre, die den Schlaf der hier ruhenden Seelen beschützen. Es sind die Hohen Wächter der Schlafenden Seelen.

Wenn du genau hinsiehst, so erkennst du hier und da eine Bewegung, die andeutet, dass eine dieser ruhenden Formen aufwacht. Im nächsten Augenblick verschwindet sie vom Ort des Geschehens, als würde sie sich im Nichts auflösen. Doch sie existiert noch, ihre Schwingungen haben sich lediglich verändert. Sie hat sich auf eine andere Unterebene bzw. Teilebene davon begeben, ohne den Schauplatz dieser Ebene wahrgenommen zu haben. Sie hat ihr wahres Leben nach dem Tod angetreten. Lass uns weitergehen und diesen Ort verlassen, während ich dir einige Erscheinungen dieser Daseinsphase der körperlosen Seele näher erkläre. Hier auf der ruhigen Unterebene können wir Rast machen, bis dir die Sache klar geworden ist.

Viele Religionen lehren, dass die körperlose Seele unverzüglich in den jeweiligen Himmel oder die jeweilige Hölle eintritt. Bei der römisch-katholischen Kirche und einigen Strömungen des Buddhismus gibt es jedoch eine Zwischenebene, bekannt als Fegefeuer oder auch unter einem ähnlichen Namen. Einige Glaubensgemeinschaften der christlichen Kirche sind der Auffassung, dass alle Seelen so lange in der Bewusstlosigkeit schlummern, bis am Jüngsten Tag der Ruf der großen Trompete ertönt. An diesem Tag werden alle Seele aus ihrem langen Schlaf erwachen, gerichtet und an den ihnen zugeteilten Ort der Belohnung oder Bestrafung geschickt – je nachdem, was sie verdienen. Du siehst also auf der Astralebene einige Dinge, die dir verdeutlichen, dass all diese Sichtweisen tatsächlich auf einer gemeinsamen Grundlage beruhen – und dennoch sind diese Konzepte der Theologien unvollständig.

Nichtsdestotrotz wissen alle Okkultisten, dass fast alle der ursprünglichen religiösen Lehrer ein äußerst umfangreiches Wissen von der Astralwelt und der höheren Ebenen besaßen. Sie gaben nur die Teile der Wahrheit an ihre Anhänger weiter, die zur jeweiligen Zeit von deren Verstand erfasst werden konnten. Alle theologischen Lehren in Bezug auf das Leben nach dem Tod – Himmel und Hölle – enthalten zwar ein Fünkchen Wahrheit, aber keine von ihnen die ganze.

In den meisten Fällen sinkt der Verstand der sterbenden Person in den Schlummer des sogenannten Todes und erwacht erst wieder nach der Zeit des erholsamen, transformierenden Schlummerzustandes auf der Astralebene in dem Bereich, den wir gerade gesehen haben. Manchmal kann es jedoch zu einem kurzen Erwachen – wie ein kurzes Erwachen aus einem Traum – nach dem Verlassen des physischen Körpers kommen, bei dem der Astralkörper für Freunde, Partner oder geliebte Menschen sichtbar sein kann oder sogar dort auftaucht, wo die verstorbene Person viel Zeit verbracht hat wie z. B. im Büro, im Geschäft, an der Universität usw. Dies erklärt die gelegentlichen Vorfälle – von denen viele belegt sind –

in denen die körperlose »Person« so erscheint. Doch auch in solch einem Fall wird die körperlose Seele schnell schläfrig und fällt in den vorläufigen Schlaf der Astralebene, von der sie sich dann weiter bewegt in die Region, die wir gerade verlassen haben. Die Zeit, die die körperlose Seele in diesem Zustand schlummert, variiert immens. So seltsam und paradox es auch erscheinen mag, die Seelen, die am höchsten und niedrigsten entwickelt sind, erwachen zuerst. Die durchschnittlich entwickelte Seele verweilt wesentlich länger in diesem Zustand. Warum das so ist, werde ich dir gleich genauer erklären.

Der hochspirituelle Mensch benötigt eine vergleichsweise geringe Transformation, um sich für die höheren Ebenen anzupassen. Er muss somit nur kurz auf der genannten Ebene verweilen, bevor er sich auf die höheren astralen Ebenen begibt. Oder aber – im Fall eines hoch entwickelten Menschen – er lässt diese astralen Ebenen aus und begibt sich direkt auf die Ebenen über der Astralwelt, in die von den Okkultisten sogenannten »Himmel«, die eigentlich Regionen der mentalen Ebene und deren darüber sind. Die durchschnittliche Seele jedoch schlummert wesentlich länger, vielleicht sogar Jahre, und wacht dann auf einer Astralebene auf, die ihren Anforderungen entspricht.

Grundsätzlich erwacht die niedere materialistische Seele sehr schnell und begibt sich direkt zu derjenigen unteren Ebene, zu der sie eine Affinität besitzt. Man beachte aber folgenden Unterschied: Die hoch entwickelte Seele erwacht auch sehr schnell, aber weil sie weniger »loswerden« muss und dadurch in höhere Eigenschaften transformiert werden kann. Die Arbeit ist also zum Teil schon erledigt.

Im Vergleich dazu benötigt die durchschnittliche Seele eine wesentlich aufwendigere Transformation für die Schauplätze höherer Aktivitäten und bleibt deshalb merklich länger in dem transformierenden Schlaf. Schlussendlich (man achte auf den scheinbaren Widerspruch und die Erklärung dafür) erwacht die niedere materialistische Seele zwar schnell, aber nicht weil sie mühelos für die Existenz auf den höheren Bereichen transformiert wurde, sondern weil ihre Bestimmung gar nicht diesen höheren Bereichen gilt. Sie erlangt diese nie und steigt stattdessen hinab auf eine untere astrale Ebene, wo sie ihre niederen Neigungen und Ideale ausleben kann, bis sie diese selbst anwidern, zumindest bis zu einem gewissen Ausmaß, und sie dann für eine weitere Transformation bereit ist.

Allerdings verlassen irgendwann alle Seelen, ob hoch oder nieder entwickelt, die Astralebene und treten in einen Ort oder besser gesagt in einen Zustand der Mentalebene ein, der auch als »Himmel« beschrieben wird, und lassen dabei ihre astrale Hülle zurück. Wie ich bereits erwähnt habe, begeben sich auch einige der höchstentwickelten Seelen auf diese Ebenen, ohne sich zuvor auf der höheren Astralebene aufgehalten zu haben. Doch die Mehrheit der Seelen lebt eine gewisse Zeit das astrale Leben, sei es auf den höheren oder niederen astralen Ebenen.

Auf den Ebenen der »Himmel« verbringt die spirituelle Seele viel Zeit und genießt die wohlverdiente Glückseligkeit. Seelen, die sich in der Entwicklung weiter unten befinden, verbringen dort nicht so viel Zeit. Die niederen materialistischen Seelen kommen kaum in den Genuss dieser höheren Regionen. Ich werde im weiteren Verlauf noch Näheres dazu sagen. Ich möchte dich noch einmal daran erinnern, dass im Allgemeinen gilt: je höher die Entwicklung einer Seele, desto größer ist der Zeitraum zwischen ihren Inkarnationen. Das Gegenteil gilt für Seelen auf einer unteren Entwicklungsstufe. Es gibt jedoch Sonderfälle, in denen z. B. hoch entwickelte Seelen um einen Dienst gebeten werden oder eine starke Anziehung zu einer anderen Seele verspüren oder sich der Reinkarnation nähern und dann früher zurückgebracht werden, als sie es tatsächlich verdienen – hierbei handeln die Seelen schlichtweg aus Verzicht. Für die hoch entwickelte Seele stellt dies keine Verletzung der gerade genannten allgemeinen Regel dar.

Lass uns nun unsere Schwingungsfrequenz verändern und einige Orte des astralen Lebens besuchen, an denen die aufgewachten Seelen leben. Anstelle von unzähligen Büchern und Jahren des Unterrichts braucht es nur einige wenige Darstellungen des Lebens auf diesen Ebenen, um dir mehr über dieses großartige Thema beizubringen. Lass uns auf den untersten Unterebenen und ihren Abteilungen beginnen. Der Anblick ist nicht schön, doch du wirst etwas Wertvolles dabei lernen.

Kapitel 7
Schauplätze in der Astralwelt

Wir schwingen nun auf einer sehr niedrigen Unterabteilung der untersten astralen Unterebene. Gegenüber der Atmosphäre um dich herum überkommt dich ein sehr unangenehmes Gefühl und eine fast physische Abneigung. Sehr sensible Wesen würden sich von einer dichten, klebrigen, übel riechenden, nebligen Atmosphäre umgeben fühlen, durch die sie sich ihren Weg schon fast erkämpfen müssen, wenn sie diese Regionen besuchen. Ähnlich fühlt es sich für eine edelgesinnte spirituelle Person auf der Ebene der Erde an, wenn sie an einen Ort geht, der von Menschen mit einem anstößigen, vulgären, verdorbenen Charakter bewohnt wird. Dies verstärkt sich aufgrund der astralen Gesetze noch um ein Vielfaches.

Somit ist es nicht verwunderlich, dass einer der alten ägyptischen Schriftsteller, dessen Arbeit in Stein gemeißelt die Zeit überdauert, vor 4000 Jahren Folgendes gesagt hat: »Um was für eine widerliche Region handelt es sich hier, in die ich törichterweise gekommen bin? Sie ist ohne Wasser, ohne Luft und unergründlich tief. Es ist so dunkel hier wie in den schwärzesten Nächten, wenn der Himmel mit dichten Wolken zugezogen ist und kein einziger Lichtstrahl sie durchdringt. Seelen wandern hoffnungs- und hilflos herum. Es gibt keinen Frieden, keine Stille, keine Rast, kein stilles Herz oder stillen Geist. Es ist abscheulich und trostlos hier. Wehe der Seele, die hier verweilt!«

Wenn du dich im schummrigen gräulichen Licht dieser Region umschaust, erkennst du unzählige menschliche Formen von abscheulichster Erscheinung. Einige von ihnen ähneln eher einer

Bestie als einem Menschen. Es gibt noch niedere Formen auf den Untereinheiten unterhalb dieser Ebene, doch diesen widerwärtigen Anblick möchte ich dir ersparen. Bei diesen Kreaturen handelt es sich um körperlose Seelen in einem Astralkörper, die auf der unteren Ebene leben, auf die sie nach ihrem Erwachen aus dem kurzen astralen Schlaf hinabgestiegen sind. Wenn du versuchst, durch den einhüllenden Nebel etwas zu erkennen, nimmst du die Gegenwart der materiellen Welt als eine Art Hintergrund wahr. Dir erscheint es zwar wie losgelöst und aus dem Raum entfernt, doch für diese Kreaturen, diese niederen Seelen scheinen diese beiden Ebenen miteinander verschmolzen zu sein. Für sie ist es so, als wären sie tatsächlich mit diesen Menschen der untersten Entwicklungsphase des Lebens auf der Erde zusammen. Außerdem fällt dir auf, dass du nur die sehr niederen Schauplätze der Erde im Hintergrund sehen kannst, die höheren Schauplätze erscheinen wie ausradiert mit großen Schmierspuren, wie eine zensierte Zeitungsseite zu Kriegszeiten. Für diese armen Seelen gibt es keine irdische Welt außer diesen Schauplätzen, die Spiegelbilder ihrer alten Begierden sind.

Doch während diese Seelen scheinbar in den alten bekannten und den ihnen angenehmen niederen irdischen Schauplätzen leben, erleiden sie tatsächlich Tantalusqualen. Denn sie können diese Schauplätze und all das, was sich dort abspielt, zwar deutlich sehen, doch sie können an den Feiern und Ausschweifungen nicht teilnehmen – sie können nur SEHEN und somit nur indirekt teilhaben. Dadurch wird dieser Ort eine wirkliche Hölle für sie, da sie permanent durch den Anblick von Dingen gequält und gepeinigt werden, an denen sie nicht teilhaben können. Sie können ihrer Begierde nur mit den Blicken Raum geben, was wie ein Dorn im Auge ist. Überall im irdischen Leben sehen sie, wie ihresgleichen (aus Fleisch und Blut) essen, trinken, spielen und alle möglichen Arten von Ausschweifungen und Gewalt leben. Und während sie sich ganz erwartungsvoll zusammenfinden, können sie weder ihre Gegenwart deutlich machen (unter normalen Umständen) noch an den Dingen teilhaben, die sie sehen. Unter solchen Umständen fühlt es sich für solche Seelen wahrlich wie die Hölle an, keinen physischen Körper zu besitzen.

Die astrale Atmosphäre von Bars, Billardräumen, Spielhallen, Rennstrecken, Bordellen, Rotlichtvierteln – und die modischen Pendants dazu – ist voll von diesen niederen astralen Seelenformen jenseits der astralen Grenze. Hin und wieder gelingt es ihnen, einen irdischen Gefährten zu beeinflussen, der ausreichend Alkohol oder Drogen zu sich genommen hat und somit physisch für solche Einflüsse empfänglich ist. Schaffen es diese Seelen, einen Menschen so zu beeinflussen, versuchen sie ihn weiter zu verführen, da sie dann eine reflexartige Befriedigung erhalten. Doch ich möchte dieses Thema nicht weiter ausführen, es ist zu verabscheuungswürdig. In einigen Fällen kann ein zu langer Aufenthalt auf dieser niederen astralen Unterebene dazu führen, dass sich die Seele so sehr wünscht, in einem physischen Körper an ähnlichen Schauplätzen wiedergeboren zu werden, dass sie immens in Richtung Reinkarnation auf einer ähnlich niederen Ebene strebt. In wiederum anderen Fällen, wie ich glücklicherweise zu berichten weiß, schreckt diese Erfahrung die arme Seele derart ab, dass sich ihre aktuellen Sehnsüchte ganz natürlich in das Gegenteil verwandeln und somit die Möglichkeit bieten, in der astralen Leiter aufzusteigen, wo die positiveren Tendenzen der Seele unterstützt werden und so letztendlich eine bessere Wiedergeburt erreicht werden kann.

Dennoch enden fast alle Fälle damit, dass aus dem »Etwas-Ausleben« ein »Über-Leben« wird und sogar die niedersten Seelen mit der Zeit aufsteigen. Einige wenige Seelen jedoch sinken so niedrig, dass sie nicht mehr aufsteigen können, und gehen ihrem endgültigen Schicksal (nicht Verdammung) der Auflösung entgegen. Sogar in diesen astralen Höllen werden die herabgesetzten Seelen »nicht *für* ihre Sünden bestraft, sondern *von* ihnen«, wie ein alter Schriftsteller einmal nachdrücklich sagte.

Doch dieser spezielle Schauplatz ist nicht der einzige auf dieser Unterebene der Astralwelt, es gibt zahlreiche Entsprechungen. Ich habe keine Zeit, um dir alle zu zeigen oder im Detail zu beschreiben. Allerdings kann ich das Konzept näher erläutern. Ganz in der Nähe des Schauplatzes, den du gerade gesehen hast, gibt es einen weiteren, in dem die Akteure geizige, geldliebende Seelen sind, die ihr gesamtes gutes Wesen für einen riesigen Haufen an letztlich nutzlosen irdischen Gütern verkauft haben. Die Bestrafung *durch* die Sünde, statt *wegen* ihr, ähnelt derjenigen der niederen Seelen aus der vorangegangenen Szene. Sie werden vom Anblick gequält und dadurch gepeinigt, dass sie nicht teilnehmen können. Das Ergebnis ist praktisch das gleiche wie im vorangegangenen Fall: Bei manchen steigt die Sehnsucht, andere empfinden Ekel und Abscheu und streben deshalb den Weg in höhere Bereiche an. Es gibt Hunderte ähnlicher Regionen in der niederen Astralwelt, von denen einige wesentlich höher sind als diejenigen, die wir gerade betrachtet haben. Alle sind eine Art Fegefeuer bzw. Ort, an dem die niederen Begierden verbrannt werden. Es handelt sich hierbei nicht um materielle Flammen, sondern um die Flamme der Begierde selbst, wie wir bereits gesehen haben. Diese Idee vom Verbrennen oder Reinigen der niederen Begierden durchdringt fast alle Religionen und hat ihren faktischen Ursprung in der Astralwelt.

Wir ändern nun unsere Schwingung, begeben uns auf höhere Unterebenen und passieren dabei zügig einen Schauplatz nach dem anderen. Du scheinst überrascht zu sein, dass viele dieser Schauplätze eine Art Kulisse haben – wie in einem großem Theater. Mit Staunen nimmst du die künstliche Natur dieser astralen Kulissen wahr und fragst dich, warum sie von den Menschen dieser Orte als natürlich und real empfunden werden und nicht als erfunden. Für dich scheint alles sehr schemenhaft und unvollkommen zu sein, für die Bewohner allerdings nicht. Das Geheimnis besteht darin, dass die Kulissen ein Gedankenprodukt derer sind, die an diesen Szenen teilnehmen bzw. auf dieser Ebene zuvor gewesen sind. Es ist alles nur Schein, eine Illusion sozusagen, die für die Teilnehmer der Szenen jedoch sehr real ist.

Sinn und Zweck dieses Buches ist nicht die Beschreibung der Chemie der Astralwelt, die es dem Verstand ermöglicht, Schauplätze usw. mithilfe der astralen Substanz zu erschaffen. Für den fortgeschrittenen Okkultisten, der die okkulte Chemie eingehend studiert hat, ist diese Angelegenheit so einfach wie die Entstehung von Eis aus Wasser, das wiederum zuvor Dampf war – und gleichzeitig genauso schön. Der in der Astralwelt Reisende wird grundsätzlich ertragen müssen, dass er die Wunder dieser Ebene zwar betrachten kann, die Chemie dieser Formation aber niemals wird erklären können.

Somit finden wir auf den verschiedenen höheren Ebenen der Astralwelt, worunter auch einige vergleichsweise niedrige Ebenen fallen, wunderschöne Berge und Täler, Flüsse und Seen, Städte, Dörfer und ländliche Gegenden, also eigentlich alle möglichen Schauplätze, die es im irdischen Leben auch gibt. Wir erkennen auch alle möglichen Gebäude und unterschiedliche Utensilien aus dem Haushalt wie Arbeitsgeräte, Möbel usw. Alle entstehen durch die fantasievollen Gedanken der Bewohner dieser Ebenen und bestehen aus astraler Substanz. Dem Besucher erscheinen diese Dinge sehr irreal, da man durch sie hindurchsehen und sie von allen Seiten gleichzeitig betrachten kann wie im Fall von transparentem Kristall. Doch für die Bewohner der Astralwelt erscheinen sie so fest und real wie ihre materiellen Entsprechungen, und kein einziger Zweifel in Bezug auf die Stofflichkeit würde jemals ihren Verstand überkommen.

Du fragst zu Recht, was der Sinn dieser ganzen theatralischen astralen Scheinwelt ist. Das wirst du verstehen, sobald ich dir den Schlüssel gegeben habe, der die geheimen Türen des astralen Lebens und seiner Bedeutung aufschließt.

Kapitel 8
Leben und Arbeit in der Astralwelt

W as ich gerade in Bezug auf die Natur der astralen Gefilde gesagt habe, soll nicht bedeuten, dass die Astralwelt lediglich imaginär und in jeder Hinsicht unwirklich ist. Ihre Substanz ist nicht weniger real als die Substanz, aus der die materielle Welt geschaffen wurde. Auf der materiellen Ebene manifestiert sich Substanz als Materie, wohingegen sie auf der astralen Ebene in einer feineren Form von »Stoff« oder Material in Erscheinung tritt. Noch einmal, auf der materiellen Ebene wird Material bzw. Materie geformt durch die physikalischen Kräfte der Natur oder – wenn man so will – durch den menschlichen Verstand, der aus dem unbearbeiteten Stoff »künstliche« Strukturen und Formen entstehen lässt.

In der Astralwelt hingegen erlangt das astrale Material seine Form nicht durch physikalische Kräfte, sondern lediglich durch die Gedanken und die Vorstellungskraft derjenigen, die diese Ebene bewohnen. Doch die Strukturen, Formen und Gebilde existieren nicht nur in der Vorstellung der astralen Bewohner. Sie existieren eigenständig, geschaffen aus astralem Material, strukturiert, geformt und gebaut durch die unmittelbare Gedankenkraft dieser Bewohner anstatt durch die physikalischen Kräfte der Natur.

Die astrale Kulisse überlebt das Ableben des Geistes, der sie erschaffen hat, und zerfällt erst nach einer beträchtlichen Zeit. Genauso wie die materiellen Dinge auf der irdischen Ebene. Was die menschliche Vorstellungskraft angeht, lass dich nicht auch nur einen Moment täuschen, denn es handelt sich hierbei um eine der wirkungsvollsten Kräfte der Natur und sie wirkt auf der materiellen Ebene enorm, auch wenn sie die Sinne auf der astralen Ebene weitaus leichter wahrnehmen. Für die Bewohner der Astralwelt sind ihre Schauplätze, Gebäude usw. genauso fest wie für die Bewohner der materiellen Ebene die ihren.

Während du dich durch die verschiedenen Unterebenen und Unterabteilungen der Astralwelt bewegst, bemerkst du eine Vielzahl an Schauplätzen und wie sehr sie sich aufgrund der Charaktere und Tätigkeiten ihrer Bewohner unterscheiden. Doch dir fällt eine gemeinsame Eigenschaft auf, die allen Unterschieden zugrunde liegt. Es handelt sich hierbei um die Tatsache, dass all diese Personen (astrale Bewohner) sehr ernst und konzentriert wirken, was ihnen den Anschein gibt, sehr beschäftigt zu sein. Diese Konzentration scheint derart intensiv, dass sie unsere Gegenwart und unser Schreiten durch ihre Mitte überhaupt nicht wahrnehmen, es sei denn, wir sprechen sie direkt an. Nochmals, jeder scheint sehr beschäftigt, auch wenn die Aufgaben darin bestehen, Sport zu treiben oder sich anderweitig zu vergnügen.

Der Schlüssel zu den Tätigkeiten und Beschäftigungen der astralen Bewohner liegt in dem Gedanken, dass das Leben der Seele auf den vergleichsweise höheren Bereichen der Astralwelt darin besteht, die intellektuellen Wünsche und gewöhnlichen Tendenzen, Geschmäcker, Vorlieben und Ziele zu lösen, die sie im irdischen Leben nicht komplett leben konnten. Ich spreche hier nicht von den niederen, sinnlichen Wünschen oder rein körperlichen Vorlieben, sondern von Zielen und ähnlichen Formen von Wünschen oder starken Neigungen. Viele dieser Neigungen sind vielleicht sehr achtbar und lobenswert, aber es handelt sich hierbei um physische Manifestationen und nicht um spirituelle Entfaltung und Entwicklung im eigentlichen Sinne dieser Begriffe. Auf den höheren Ebenen haben die spirituellen Kräfte Knospen, blühen und tragen Früchte. Die Astralwelt, sogar ihre höchsten Ebenen, ist der Ort, an dem man die irdischen, intellektuellen und ähnlichen Ambitionen und Ziele ausleben und lösen kann.

Je höher die Ebene in der Astralwelt, desto weniger alte irdische Schauplätze gibt es. Das konnten wir sogar an dem dämmerigen Hintergrund sehen, während wir unsere Reise fortgesetzt haben. Hier auf der vierten Unterebene, auf der wir uns jetzt befinden, kann man sie fast gar nicht mehr erkennen. Diese spezielle Unterebene ist nicht besonders erhebend, doch für den Schüler von Interesse.

Während wir uns von Schauplatz zu Schauplatz bewegen, sehen wir die »ewigen Jagdgründe« der amerikanischen Indianer, die dicht von diesen Ureinwohnern besiedelt sind und die sich dort schon eine geraume Zeit aufhalten. Sie sind beschäftigt, jagen glücklich ihre astralen Büffel und spielen diverse Spiele (alles erschaffen durch ihre Vorstellungskraft, der astralen Substanz, die keine wirkliche Existenz besitzt wie z. B. lebende, fühlende Tiere). Ein bisschen weiter sehen wir ähnliche Formen des »Reichs der Ahnen« anderer indigener Völker, in denen einige körperlose Krieger kämpfen und großartige Heerscharen künstlicher Feinde besiegen. Und danach geben sie gemäß ihrer alten Traditionen ein großes Fest.

Hier finden wir Walhalla sowie die anderen imaginären Paradiese der alten Völker. Doch die Anzahl der Bewohner verringert sich, da sie gefangen sind in dem laufenden Gebaren der Reinkarnation. Aber beachte dies: Während nichts Erhebendes an den Beschäftigungen dieser Schauplätze ist, so ist es aus streng genommener spiritueller Sicht auch nichts Herabstufendes oder Erniedrigendes. Es werden alte Wünsche ausgelebt und aufgelöst – alles strebt nach spiritueller Entwicklung.

Wir erhöhen unsere Schwingung jetzt rapide, passieren dabei viele Schauplätze dieser Art und befinden uns schließlich auf einer wesentlich höheren Ebene. Hier sehen wir Menschen, die eine sogenannte »sinnvolle Arbeit« wie im irdischen Leben verrichten. Doch sie sehen diese nicht als Arbeit an, sondern eher als erquickende Erholung. Wenn wir genauer hinsehen, erkennen wir, dass die gesamte Arbeit von erfinderischer und konstruktiver Natur ist. Die Männer und Frauen perfektionieren das, was sie in ihrem irdischen Leben sehr interessiert hat. Sie verbessern ihre Arbeit und sind dabei erfüllt von der Freude des Schaffens. Nachdrücklich erinnern Sie einen an Kiplings Erwähnung von einem zukünftigen Land, wo »niemand weder für Geld noch für Ruhm arbeiten soll, sondern für die Freude an der Arbeit«. Auf einigen dieser unteren Ebenen sehen wir Künstler, die eifrig bei der Arbeit sind und wundervolle Meisterwerke kreieren. Auch Musiker schaffen großartige Kompositionen, von denen sie in ihrem irdischen Leben vergebens geträumt haben. Architekten errichten fantastische Bauwerke und Erfinder entdecken bedeutende Dinge. Und dabei sind alle mit der Freude der Arbeit und der Verzückung kreativer Vorstellungskraft erfüllt.

Doch sieh dies nicht als bloße Spielerei an, mein Schüler, oder als eine mögliche Form von Belohnung für ausgezeichnet verrichtete irdische Arbeit, auch wenn diese beiden Elemente ihren Platz in der allgemeinen Wirkungsweise des Gesetzes haben. Das Wesentliche, das man sich merken sollte, besteht darin, dass es bei dieser Arbeit in der Astralwelt einen tatsächlichen geistigen Fortschritt sowie Entwicklung gibt.

Des Weiteren entstehen hier auf den astralen Ebenen in vielen Fällen die Gussformen, in die dann in den zukünftigen Inkarnationen der Seelen, die momentan auf dieser Ebene arbeiten, großartige erfinderische und kreative Errungenschaften auf der materiellen Ebene gegossen werden. Die Astralwelt ist ein fantastisches Lager an Vorlagen für die Welt. Diese Vorlagen werden in Materie reproduziert, wenn die Seele den irdischen Schauplatz wieder betritt. Viele Kunstwerke, Musikkompositionen, große literarische Werke oder unglaubliche Erfindungen sind die Reproduktion einer astralen Vorlage. Dies kann das Gefühl erklären, das allen großen Darstellern kreativer, ideenreicher oder intellektueller Kunst gemein ist: das seltsame Gefühl, dass ihre Arbeit lediglich eine Vervollständigung von etwas ist, an dem sie zuvor gearbeitet haben, eine Wiederentdeckung gewissermaßen.[4]

Noch einmal, in dieser Art Arbeits-Spiel in der Astralwelt ist die Seele immer bei der Arbeit und verwendet dabei alte Ideen, Ziele usw., um sie dann schließlich abzulegen. Auf diese Art geschieht wahrer Fortschritt, denn am Ende ist sogar das irdische Leben größtenteils eine Form von Aus-Leben, Über-Leben und Nach-Oben-Aufsteigen auf den Stufen von Fehlern und Misserfolgen. Durch die Arbeit in der Astralwelt werden viele alte Ideen herausgearbeitet und abgelegt, viele alte Verlangen werden aufgebraucht und ebenfalls abgelegt. Zahlreiche alte Ziele werden manifestiert und dann auf dem Weg zurückgelassen. Altes geistiges Gut wird verbrannt, wodurch Raum entsteht für neue und bessere Gedanken im neuen irdischen Leben. Auf diese Art und Weise kann in der Astralwelt in Bezug auf Verbesserung und Fortschritt viel unternommen werden, was auf der Erde nur in mehreren Leben erreicht werden könnte. Das Leben in der Astralwelt ist sehr ernst und intensiv, da die Schwingungen deutlich höher sind als die auf der materiellen Ebene. Unter Berücksichtigung dieses Prinzips erhalten die astralen Schauplätze, die du jetzt sehen wirst, einen bedeutenden neuen Sinn. Sie werden für dich zu wichtigen Lektionen in der großen

---

4 Der britische Musiker David A. Stewart (bekannt vor allem durch seine Zusammenarbeit mit Annie Lennox als »Eurythmics«) sagte Mitte der 1990er Jahre in einem Interview sinngemäß, dass das Komponieren neuer Stücke eigentlich sehr leicht sei, da alle Melodien bereits da sind. Er müsse nur noch danach greifen. (Anm. d. Hrsg.)

Schule des Lebens. Hier geschieht Arbeit, die nirgendwo anders getan werden kann. Alles hat seine Bedeutung. Nichts ist vergebens oder nutzlos im Universum, ganz gleich, was der sorglose Beobachter zum Gegenteil sagen mag. Die Astralwelt ist kein Witz des Universums, sondern eine der großartigsten Werk- und Forschungsstätten der Seele. Sie hat ihren eigenen Platz im Zuge der Arbeit an der spirituellen Entfaltung und Evolution.

Kapitel 9
Höhere Ebenen und darüber hinaus

Wir erhöhen nun leicht unsere Schwingung und betreten die großartige zweite Unterebene der Astralwelt mit ihren sieben Unterebenen und deren zahlreichen untergeordneten Bereichen und Regionen. Schon bevor ich dich darauf hinweise, spürst du die religiöse Atmosphäre, die diese Region durchdringt. Hier kommen die religiösen Ziele und Gefühle vollkommen zum Ausdruck. Auf dieser Unterebene gibt es viele Seelen, die einige Zeit auf den anderen astralen Unterebenen verbracht haben und sich nun hier aufhalten, um diesen Teil ihrer Natur zu manifestieren.

Doch ich möchte deine Aufmerksamkeit auf die okkulte Unterscheidung zwischen Spiritualität und Religion lenken. Unter Spiritualität versteht man das Anerkennen des göttlichen Funkens in der Seele und seine Entfaltung im Bewusstsein. Religion hingegen – im okkulten Verständnis – besteht aus der Einhaltung bestimmter Formen von Anbetung, Riten, Zeremonien usw., aus dem Festhalten an bestimmten theologischen Normen sowie die Manifestation dessen, was man religiöse Gefühle nennen kann. Der religiöse Instinkt ist tief im Herzen der Menschen verwurzelt und kann als ein Sprungbrett zu wahrer Spiritualität betrachtet werden. Sie ist aber nicht die Spiritualität selbst. In ihren höheren Ausprägungen ist sie wunderschön, doch in den niederen Ausprägungen führt sie zu Begrenztheit und blindem religiösen Eifer. Aber sie ist ein notwendiger Schritt auf dem Weg, und alle müssen ihn gehen, um Höheres erreichen zu können.

Diese zweite Unterebene der Astralwelt ist voll von unzähligen

Seelen, die bestrebt sind, ihre ganz eigene religiöse Anschauung zu manifestieren und auszudrücken. Man sagt, dass diese Ebene alle Himmel mit den jeweiligen Anhängern der verschiedenen Glaubensrichtungen enthält, von denen eine Theologie je geträumt hat und über die in Kirchen gelehrt wurde. Jede der großen Religionen hat ihre eigene besondere Region, in der sich ihre Anhänger zusammenfinden, huldigen und glücklich sind. In jeder Region findet die religiöse Seele genau das, was sie erwartet und gehofft hat, am »anderen Ufer« zu finden. Einige bleiben zufrieden an ihrem Ort, andere hingegen werden mit der Zeit unzufrieden und treiben dann auf eine Unterregion oder Gruppe zu, die der neuen in ihnen erwachten Vorstellung der Wahrheit näher kommt.

Während wir uns zügig durch diese Regionen bewegen, stellst du fest, dass jede ihr eigenes spezielles Milieu hat, das mit den Glaubenssätzen ihrer Bewohner absolut übereinstimmt. Ein Gebäude sieht aus wie ein schlichtes, altmodisches Andachtshaus von immensen Ausmaßen. Ein anderes hingegen ähnelt einer gigantischen Kathedrale, die mit prachtvollen Dekorationen und Requisiten ausgestattet ist und aus der herrliche Litaneien und andere Rituale der Anbetung erklingen. Jede Region hat gemäß ihrer Vorschriften ihre amtierenden Priester oder Prediger. Du erkennst auf einen Blick, dass die Umgebung – Schauplatz, Gebäude, Dekoration usw. – aus astraler Substanz erschaffen wurde, und zwar mithilfe der Vorstellungskraft derer, die an dieser Stelle versammelt sind. Das gesamte Bühnenbild und die Requisiten finden sich in vollem Umfang als Beweis. Ich sage das Folgende mit aller Ernsthaftigkeit und möchte nicht albern oder respektlos erscheinen: Du siehst eventuell sogar die goldenen Kronen, Harfen und in manchen Fällen die festen Heiligenscheine und hörst den Klang des ewigen Lobgesangs.

Ich bedauere, dass ich gezwungen bin, deine Aufmerksamkeit auf die Regionen einiger niederer Religionsformen zu lenken, in deren Hintergrund eine brennende Hölle zu sehen ist, die ihre Anhänger voller Begeisterung bestaunen, da sich für sie durch den Anblick der in der Hölle leidenden Seelen ein Gefühl der Freude einstellt. Es ist für mich eine Genugtuung, dir sagen zu können, dass die leidenden Seelen und ihre Hölle nur frei erfundene Dinge sind, entstanden durch Vorstellungskraft und astrale Substanz, also lediglich ein Bühnenbild. Für Dantes »Inferno« gibt es ein entsprechendes Gegenstück auf der astralen Ebene.

Ich bitte dich, dir die höchst abscheuliche Szene vor uns genau anzusehen. Man sieht ein großes, übel ausgestattetes Gebäude mit einer sitzenden Versammlung voller strenger, harter, gefühlloser Gesichter. Sie starren auf die Oberseite einer rauchenden, bodenlosen Grube, aus der eine Art große, endlose Kette aufsteigt, wobei jedes Kettenglied einen riesigen spitzen Haken hat, an dem eine verlorene Seele aufgespießt ist. Diese Seele steigt ein Mal in tausend Jahren bis zur Oberfläche der Grube. Dort angelangt schreit sie mit trauervoller Stimme: »Wie lange, wie lange?« Auf diese gequälte Frage antwortet eine tiefe, strenge Stimme: »Für immer! Für immer!« Ich kann dir glücklicherweise mitteilen, dass diese Versammlungen kleiner werden, da sich viele der Seelen in höhere Vorstellungen entwickeln und praktisch keine neuen Rekruten von der irdischen Ebene nachkommen, um die leeren Plätze zu füllen. Mit der Zeit wird diese Versammlung vollkommen verschwinden und die scheußliche Szenerie wird sich allmählich in astralen Staub auflösen und für immer an Kraft verlieren.

Alle Arten von Religionen, ob hoch oder niedrig, östlich oder westlich, alt oder modern, werden auf dieser Ebene repräsentiert. Jede hat ihren ganz eigenen Aufenthaltsort. Es gibt ein paar wunderschöne und inspirierende Schauplätze und Regionen auf dieser Ebene, voll von fortgeschrittenen Seelen und wunderschönen Persönlichkeiten. Doch leider gibt es auch ein paar abstoßende unter ihnen. Es ist herrlich zu sehen, wie viele unterschiedliche Formen die menschliche Religion und Theologie in ihrer Entwicklung angenommen hat. Jede Gottheit hat ihre Region mit ihren Anhängern. Es ist interessant, Orte zu besuchen, die einst von den Anhängern der ältesten Religionen bevölkert waren. Viele haben nur eine Handvoll Anhänger, die auf ihrer Ebene verweilen. In anderen Fällen sind die Anhänger komplett verschwunden und der astrale Schauplatz mit den Tempeln und Schreinen löst sich langsam auf, genauso wie die alten Tempel auf der materiellen Ebene mit der Zeit verschwunden sind.

Auf der höchsten der astralen Unterebenen gibt es viele Regionen, die von Philosophen, Wissenschaftlern, Metaphysikern und höheren Theologen bewohnt werden. Es handelt sich dabei um Seelen, die allein mithilfe ihres Intellekts versucht haben, das Rätsel des Universums zu lösen und hinter den Schleier zu sehen. Es gibt so viele Schulen der Philosophie und Metaphysik, wie es religiöse Sekten auf der Ebene darunter gibt. Hier treffen sich Hoch und Niedrig. Einige sind erbärmlich klein, unausgegoren und kindisch in ihren Vorstellungen, andere sind so weit fortgeschritten, dass sie wie Halbgötter des Intellekts wirken. Aber auch hier handelt es sich nicht mehr um wahre Spiritualität als beim religiösen Formalismus und den Dogmen der unteren Ebene. Doch nichtsdestotrotz hat alles seinen Platz und alles ist dabei, sich zu entwickeln und zu entfalten. Es ist interessant zu sehen, dass es auf dieser und der darunter liegenden Ebene zwei Gruppen von körperlosen Seelen gibt, die unermüdlich erklären, dass »es nach dem Tod kein Leben für die Seele gibt«. »Die Seele stirbt mit dem Körper« usw. Diese verblendeten Seelen glauben, dass sie sich immer noch auf der materiellen Ebene befinden, trotz bestimmter Erscheinungen. Sie haben sich zu ihrer Unterstützung eine recht gute Nachahmung des irdischen Schauplatzes angefertigt. Sie spotten und rümpfen die Nase, wenn man auf das Leben außerhalb des physischen Körpers zu sprechen kommt, und schlagen mit ihren astralen Fäusten auf die astralen Tische, nur um zu beweisen, wie fest alle realen Dinge sind. Sie glauben nur an das, was fest und »real« ist. Und genau das macht die Ironie des astralen Lebens aus.

Als wir die verschiedenen Orte besucht haben, sind dir bestimmt auch prächtige Gestalten aufgefallen, lieber Schüler, und ich habe dir versprochen, dir weitere Informationen zu ihrem Wesen zu geben. Es handelt sich bei diesen Gestalten und hoch entwickelte Wesen, die wie wir auch Mensch waren und nun freiwillig aus höheren Sphären zurückkommen. Ihre Aufgabe besteht darin, nach dem Vorbild von Religion und Philosophie zu lehren und dabei das Beste von beiden zu vereinen, um dann die Seelen, die diese Dinge verstehen, zur Wahrheit zu führen. Es gilt gleichermaßen auf der astralen wie auch auf der irdischen Ebene: »Ist der Schüler bereit, erscheint der Lehrer.« In der Astralwelt gibt es viele, sehr viele von diesen »älteren Brüdern der Menschheit«, die fleißig und ernsthaft an dem Aufstieg derer arbeiten, die auf ihrem Weg straucheln.

Ich möchte an dieser Stelle etwas anmerken. Bei dem Versuch, die Natur der verschiedenen astralen Regionen mitsamt ihrer Schauplätze zu verstehen, wird deutlich, dass die Berichte von »der anderen Seite« – von körperlosen Seelen bei spirituellen Séancen usw. – so voll von Widersprüchen und Unstimmigkeiten sind, dass nicht einmal zwei von ihnen übereinzustimmen scheinen. Das liegt daran, dass jeder von ihnen die Wahrheit so erzählt, wie er sie in der Astralwelt wahrgenommen hat, ohne dabei weder die Natur des Gesehenen zu erkennen noch die Tatsache gelten zu lassen, dass es sich lediglich um einen Aspekt unter Millionen handelt. Vergleiche einmal die gerade genannten verschiedenen »Himmel« und beobachte, wie unterschiedlich die Berichte ihrer Einwohner sein würden. Hat man die Natur der astralen Erscheinungen aber erst einmal begriffen, weicht diese Schwierigkeit und jeder Bericht wird als Versuch verstanden werden, das astrale Bild, das das körperlose Wesen beschreibt, als real zu empfinden.

Nun möchte ich dir an dieser Stelle ein wenig von den Ebenen über der Astralwelt erzählen. Diese Ebenen übersteigen eine angemessene Beschreibung. Es genügt anzumerken, dass jede Seele in der Astralwelt, auch auf der niedersten Ebene, in einen astralen Schlaf fällt, sobald sie ihre Arbeit auf dieser Ebene erfüllt hat. Bevor es jedoch zur Wiedergeburt kommt, erwacht die Seele für eine gewisse Zeit auf einem der unteren Bereiche der nächsthöheren Ebene über der Astralwelt. Auf diesem ihr angemessenen Bereich bleibt sie im Wachzustand – für einen kurzen Moment oder auch mehrere Jahrhunderte. Die Dauer ist abhängig von der Stufe der spirituellen Entwicklung. Während des Aufenthaltes auf diesen höheren Ebenen kommuniziert die Seele mit ihrem Höheren Selbst, dem göttlichen Funken, und wird dadurch gestärkt und belebt. In dieser Zeit der Gemeinschaft werden die Schlacken des Wesens verbrannt, im Nichts aufgelöst und sein höherer Teil genährt und gefördert.

Diese höheren Ebenen des Seins stellen die wahre »himmlische Welt« der Seele dar. Je entwickelter eine Seele ist, desto länger verweilt sie hier zwischen den Inkarnationen. Genauso wie der Geist auf der astralen Ebene entwickelt wird und lernt, seine Wünsche und Ziele auszudrücken, so werden die höheren Anteile der Seele auf diesen höheren Ebenen gestärkt und entwickelt. Freude, Zufriedenheit und spirituelle Glückseligkeit liegen hier jenseits gewöhnlicher Worte. Diese höheren Ebenen sind so wunderschön, dass sogar lange nachdem die Seele auf der Erde wiedergeboren ist, die Erinnerungen daran ins Gedächtnis zurückkehren. Die Seele sehnt sich dann danach, zu ihnen zurückzukehren, genauso wie sich eine

Taube nach dem entfernten Zuhause sehnt, zu dem die erschöpften Flügel ihren Flug drängen. Hat man einmal die Musik der himmlischen Welt vernommen, vergisst man sie nie. Die Erinnerungen an sie sollen uns in Momenten der Prüfung und des Leids stärken.

Dies sind also die echten »himmlischen Welten« der okkulten Lehren und sie liegen sogar weit jenseits der höchsten astralen Ebenen. Die Berichte der Mystiker basieren auf Erfahrungen von genau diesen Ebenen und nicht denen der Astralwelt. Deine Seele hat wahre Kenntnis über die Wirklichkeit dieser wunderbaren Regionen und Schauplätze erlangt und sich nicht in die Irre führen lassen. Und deshalb halte fest an dem Ideal und der Vision – folge dem Schein, folge dem Schein!

Kapitel 10
Das astrale Licht

Es soll nicht auch nur für einen Moment angenommen werden, dass die Astralwelt lediglich eine Ebene ist, die die Natur zum bloßen Verweilen zwischen den Inkarnationen und für die Entwicklung von Seelen, die ihren physischen Körper verlassen haben, erschaffen hat. Die astralen Ebenen sind nicht nur für den Fortschritt der körperlosen Seelen wichtig, sondern sie verkörpern zugleich einen Zeitraum für bestimmte Aktivitäten im großen Plan der Natur. Würde man die körperlosen Seelen aus der Astralwelt entfernen, gäbe es immer noch genügend rätselhafte und wunderbare Erscheinungen auf dieser Ebene – so wie die fantastischen Bewohner der unteren Ebenen, die diese Regionen für Okkultisten immer noch interessant machen. Bevor wir unsere astrale Reise beenden und zum irdischen Leben zurückkehren, schauen wir uns noch schnell die wunderbaren Phasen des astralen Lebens und seine Erscheinungen an.

* * *

Nachdem wir unsere Schwingung verändert haben, betreten wir eine seltsame Region, deren Natur du zuerst nicht ausmachen kannst. Halte einen Moment inne, bis sich deine astrale Sehkraft an die eigenartige Schwingung dieser Region gewöhnt hat. Nun erkennst du langsam so etwas wie eine riesige Bildergalerie, die sich in alle Richtungen erstreckt und scheinbar eine direkte Beziehung zu jedem Punkt im Raum und auf der Erdoberfläche hat.

Zunächst wird es dir schwerfallen, die Bedeutung dieses gewaltigen Aufgebots an Bildern zu entschlüsseln. Das Problem ergibt sich daraus, dass die Bilder nicht nacheinander auf einer ebenen Fläche angeordnet sind, sondern eher in einer eigentümlichen Abfolge bzw. Anordnung, die man auch die Ordnung des »X-haften im Raum« nennen kann, da sie weder die Dimensionen von Länge, Breite oder Tiefe aufweist. Es ist praktisch die Ordnung der vierten Dimension im Raum, die man nicht mit Begriffen der räumlichen Dimension beschreiben kann. Noch einmal, bei genauem Betrachten der Bilder fällt dir auf, dass sie sehr klein sind – praktisch mikroskopisch klein – und die astrale Sehkraft muss als Vergrößerungsglas fungieren, damit du sie erkennen kannst.

Ist die astrale Sehkraft einmal entwickelt, ist sie in der Lage, jedes Objekt um ein Vielfaches zu vergrößern, ob auf der materiellen oder der astralen Ebene. So kann ein geübter Okkultist mithilfe dieser Besonderheit des astralen Sehens z. B. die herumschwirrenden Atome und Teilchen von Materie wahrnehmen. Er kann ebenfalls deutlich die feinen Schwingungen des Lichts wahrnehmen, die für die normale Sehkraft nicht sichtbar sind. Sogar das besondere astrale Licht, das diese Region durchdringt, kann aufgrund der Kraft des astralen Sehens als feine Schwingung des Lichts wahrgenommen werden.

Wendest du diese Vergrößerungskraft an, stellst du fest, dass jeder der kleinen Punkte und jedes Detail des großen Weltbildes, so wie es vor dir im astralen Licht erscheint, tatsächlich einen bestimmten Zeitraum in der Geschichte der Erde darstellt. Dies ähnelt einem kleinen Bild in einer Reihe sich bewegender Bilder – wie bei einer Filmrolle. Sie ist fest und nicht in Bewegung, doch wenn wir uns entlang der vierten Dimension bewegen, können wir einen Film über die Geschichte eines jeden Punktes auf der Erde sehen oder gar verschiedene Punkte zu einem noch längeren Film kombinieren. Lass uns dies durch ein Experiment belegen.

Schließe für einen Moment deine Augen, während wir sozusagen in der Zeit zurückkreisen – entlang der Reihe astraler Aufzeichnungen, die tatsächlich bis zum Anbeginn der Geschichte auf Erden zurückreichen. Nun öffne deine Augen! Während du dich umschaust, nimmst du befremdliche Szenen wahr, die bevölkert sind mit in merkwürdige Gewänder gehüllten Personen, aber alles steht still – kein Leben, keine Bewegung.

Und jetzt lass uns in der Zeit nach vorn gehen, aber wesentlich schneller, als wir das für die astralen Ansichten getan haben. Du siehst nun vor dir eine große Bewegung des Lebens – an einem bestimmten Punkt im Raum – in einer entfernten Zeit. Innerhalb weniger Momente beobachtest du das Leben dieser fremden Menschen von der Geburt bis zum Tod. Große Kämpfe werden ausgetragen und Städte entstehen vor deinen Augen – und all das in großen, sich unglaublich schnell bewegenden Bildern. Wir halten nun an, und während wir weiter auf die Bilder blicken, gehen wir in der Zeit zurück. Du siehst etwas Merkwürdiges, als würde ein Film rückwärts laufen. Du siehst, dass sich alles rückwärts bewegt: Städte versinken im Nichts, Menschen steigen aus ihren Gräbern und werden immer jünger, bis sie schließlich als Baby geboren werden. Alles bewegt sich in der Zeit zurück anstatt nach vorne.

So kannst du Zeuge eines jeden bedeutenden Ereignisses der Geschichte werden oder die Karriere einer herausragenden Persönlichkeit von der Geburt bis zum Tod oder andersherum verfolgen. Ferner wirst du feststellen, dass alles halb durchsichtig ist und du entsprechend nicht nur sehen kannst, was außerhalb der Gebäude passiert, sondern auch innerhalb. Nichts kann den Aufzeichnungen des astralen Lichts entgehen. Nichts kann vor ihm verborgen werden.

Du hast das große Weltbild in den Aufzeichnungen des astralen Lichtes bestaunt, die sogenannte Akasha-Chronik, wie wir Hindus sie nennen. In dieser Chronik kann man ausnahmslos die Bilder eines jeden Ereignisses finden, das es jemals in der Geschichte der Erde gegeben hat. Die Aufzeichnungen beinhalten genau das, was passiert ist, und enthalten jedes kleinste Detail.

Wenn du in der vierten Dimension zu einem bestimmten Punkt in der Zeit reist, kannst du die Geschichte der Erde von genau diesem Zeitpunkt an bis in die Gegenwart verfolgen oder die Sequenz in die Vergangenheit begleiten, wie wir bereits gesehen haben. Des Weiteren kannst du in der Astralwelt in gewöhnlichen Raumdimensionen reisen und beobachten, was gleichzeitig überall auf der Erde geschieht – zu jedem beliebigen Zeitpunkt, wenn du es wünschst. Um ganz genau bei der Wahrheit zu bleiben, muss ich dir sagen, dass die wahren Aufzeichnungen der Vergangenheit – die große Akasha-Chronik – in Wirklichkeit auf einer wesentlich höheren Ebene als der astralen Ebene existieren. Das, was wir gerade gesehen haben, ist nur eine Spiegelung (dennoch praktisch perfekt) der Originalaufzeichnungen. Es erfordert einen hohen Grad an okkulter Entwicklung, um die Spiegelung des astralen Lichts wahrnehmen zu können, und ohne meine Kraft wärst du jetzt nicht in der Lage dazu. Ein gewöhnlicher Hellsichtiger kann dennoch gelegentlich einen kurzen Einblick in diese astralen Bilder bekommen und so grob die Geschehnisse der Vergangenheit beschreiben. Auf die gleiche Weise kann ein Gelehrter der Psychometrie die Vergangenheit eines Gegenstandes beschreiben sowie die damit verbundenen Menschen.

Kapitel 11
Astrale Wesen

Ohne zu tief in dieses Thema einsteigen zu wollen, da dieses allein dem Unterricht des fortgeschrittenen Schülers vorbehalten ist und nicht sorglos vor anderen ausgebreitet werden soll, möchte ich deine Aufmerksamkeit auf Folgendes lenken: Auf einigen astralen Ebenen gibt es bestimmte Wesen, die nie zuvor Mensch waren und auch nie sein werden, da sie zu einer ganz anderen natürlichen Ordnung gehören.

Diese sonderbaren Wesen sind für den Menschen für gewöhnlich nicht sichtbar, doch unter bestimmten Bedingungen können sie mit der astralen Sehkraft wahrgenommen werden. Genau genommen halten sich diese sonderbaren Wesen gar nicht in der Astralwelt auf, sprich: nicht im Sinne von Astralwelt als ein Teil des Raums oder eines Ortes. Wir nennen sie nur deshalb astrale Wesen, weil sie für den Menschen erst dann zu sehen sind, wenn er auf der astralen Ebene sehen kann bzw. über die astralen Sinne wahrnehmen kann – aus keinem anderen Grund.

Die astralen Wesen halten sich wie auch die Menschen auf der Erde auf. Sie schwingen nur anders als wir, das ist alles. Gewöhnlich sind sie mikroskopisch klein und wären für den Menschen auch dann nicht sichtbar, wenn sie auf der gleichen Ebene wie wir schwingen würden. Die astrale Sehkraft aber spürt nicht nur ihre Schwingung, sie kann unter bestimmten Bedingungen auch ihre Gestalt auf eine sichtbare Größe vergrößern.

Einige dieser astralen Wesen sind bekannt als Naturgeister und bewohnen Flüsse, Steine, Berge, Wälder usw. Durch die gelegentliche Begegnung mit Menschen, die ein übernatürliches Naturell haben oder in denen die astrale Sehkraft zu einem gewissen Grad bereits erwacht ist, sind zahlreiche Märchen und Legenden im Glauben aller Kulturen entstanden. Diesen wundersamen Wesen wurden unterschiedliche Namen gegeben. Feen, Kobolde, Elfen, Heinzelmännchen, Wichtel, Dschinns, Trolle, Satyre, Faune, Wichtelmännchen, kleines Volk, winzige Menschen und ähnliche Namen finden sich in den Mythologien und Legenden aller Menschen. Die alten Okkultisten nannten die Wesen der Erde »Gnome«, die Wesen der Luft »Sylphen«, die Wesen des Wassers »Undinen« und die Wesen des Feuers oder Äthers »Salamander«.

Generell meidet diese Gattung astraler Wesen die Gegenwart des Menschen. Sie verlassen ihre Aufenthaltsorte nicht und meiden große Städte – genauso wie die Menschen den Friedhof meiden. Sie bevorzugen die Abgeschiedenheit der Natur und sie stört der Vormarsch der Menschen, der sie weiter und weiter in neue Regionen drängt. Diese Wesen nehmen keinen Anstoß an der physischen Gegenwart eines Menschen, obwohl sie seine geistigen Schwingungen, die sie deutlich spüren können, als sehr unangenehm empfinden.

Eine bestimmte Art unter ihnen nennt man »good fellows« (gute Gesellen), die von Zeit zu Zeit Freude daran haben, den Menschen zu helfen, zu denen sie sich hingezogen fühlen. Solche Fälle findet man in alten Geschichten der ländlichen Gegenden, doch das moderne Leben hat die freundlichen Helfer von den meisten Orten vertrieben.

Eine weitere Art, die mittlerweile auch sehr selten ist, findet anscheinend Vergnügen daran, elfenartige, kindische Streiche zu spielen, besonders Schabernack gegenüber Bauern. Bei spirituellen Sitzungen und ähnlichen Gelegenheiten kann man diese elfischen Streiche manchmal beobachten.

Die alten Magier und Wundertäter hatten oft Hilfe von solchen

Wesen. Auch heute sind in Indien, Persien, China und anderen orientalischen Ländern diese Dinge nicht unbekannt und viele der erstaunlichsten Meisterleistungen der Magier sind auf ihre Hilfe zurückzuführen. Ich habe gesagt, dass diese Kreaturen in der Regel zum Menschen nicht unfreundlich sind, auch wenn sie ihm hin und wieder unter gewissen Umständen einen Streich spielen. Besonders geschickt tun sie das mit Anfängern, die sich mit der Psyche befassen und die Astralwelt ohne angemessene Unterweisung betreten wollen und keine angemessenen Vorsichtsmaßnahmen treffen. Solch einem Anfänger erscheinen sie als grässliche Wesen, Monster usw. und verscheuchen ihn so von der Ebene, auf der sie von ihm erkannt würden. Jedoch kümmern sie sich für gewöhnlich nicht um den fortgeschrittenen Okkultisten und lassen ihn entweder in Ruhe oder fliehen vor seiner Gegenwart. Fortgeschrittene Okkultisten berichten aber auch von Fällen, in denen dieses kleine Volk sehr neugierig und geneigt erscheint, dem ernsten, pflichtbewussten Suchenden, der sie als Teil der großen Manifestation der Natur und nicht als »unnatürliche« Kreatur oder abscheuliches Monstrum betrachtet, zu helfen.

Künstliche Wesen

Ich habe bei meinen Ausführungen einige Varianten und Klassifizierungen nicht erwähnt und sogar bewusst ausgelassen aus Gründen, die mir jeder wahre Okkultist zubilligen wird. Zusätzlich zu den nichtmenschlichen Wesen, die mithilfe der astralen Sehkraft bzw. auf der astralen Ebene wahrgenommen werden können, gibt es auf der astralen und der irdischen Ebene eine bedeutende Kategorie von Wesen oder Halb-Wesen, die unter den Okkultisten als »künstliche Wesen« bekannt sind.

Diese künstlichen Wesen sind weder auf natürliche Art und Weise geboren worden noch durch die schöpferischen Naturkräfte entstanden. Sie sind Produkte des menschlichen Geistes und tatsächlich eine hoch konzentrierte Art von Gedankenformen. Sie sind keine Wesen im engen Sinne und verfügen weder über Leben noch Vitalität, es sei denn, sie leihen es sich von ihrem Schöpfer oder er gibt es ihnen. Der Schüler des Okkultismus, der das Prinzip der Schöpfung von Gedankenformen verstanden hat, wird ohne Weiteres das Wesen, die Kraft und die Einschränkungen dieser Gattung der astralen Bewohner erfassen.

Die Mehrheit dieser künstlichen Wesen bzw. Gedankenformen wird unbewusst von Menschen geschaffen, die eine starke Wunschkraft besitzen und die begleitet wird von genauen mentalen Bildern des Gewünschten. Viele dieser Menschen haben gelernt, sie bewusst zu erschaffen, und zwar mithilfe einer elementaren Form von weißer oder schwarzer Magie. Ein Großteil der Wirkungen von Gedanken- bzw. Verstandeskraft ist zurückzuführen auf solche Wesen. Kraftvolle Wünsche zum Guten sowie kraftvolle Flüche für Böses neigen dazu, Form und Anschein von Lebenskraft in Gestalt dieser künstlichen Wesen zu manifestieren. Sie unterliegen jedoch dem Gesetz der Gedanken-Anziehung und tauchen nur dort auf, wo sie auch angezogen werden. Zudem können sie neutralisiert und sogar zerstört werden, und zwar durch positive Gedanken, die auf die Art ausgerichtet werden, wie es alle fortgeschrittenen Schüler kennen.

Eine weitere und ziemlich große Gruppe dieser künstlichen astralen Wesen besteht aus Gedankenformen übernatürlicher (!) Wesen. Sie entstehen durch die kräftigen geistigen, oft wiederholten Bilder ihrer Schöpfer, denen das Ergebnis oftmals nicht bewusst ist. Nehmen wir eine sehr gläubige Mutter. Sie betet, dass die Engel ihre Kinder behüten und beschützen mögen, und aufgrund ihrer starken religiösen Vorstellungskraft sieht sie bildlich, wie die himmlischen

Besucher neben ihren Kindern wachen. Diese Mutter erschafft tatsächlich Gedankenformen solcher Schutzengel um ihre Kinder herum, die zudem einen gewissen Grad an Lebens- und Geistschwingungen von der Mutter erhalten. Auf diese Weise dienen die so erschaffenen Schutzengel dazu, die Kinder zu beschützen und sie vor Gefahr und Versuchung zu warnen. Viele frommen Mütter haben so durch ihre Gebete und innigen Wünsche mehr erreicht, als ihnen bewusst ist. Den frühen Vätern der westlichen und östlichen Kirchen war diese Tatsache bekannt und sie geboten ihren Anhängern demzufolge, diese Form von Gebeten und Gedanken zu benutzen, auch wenn sie den Grund hierfür nicht erklären konnten. Selbst wenn sich die Mutter auf höhere Ebenen begibt, kann ihre liebende Erinnerung ausreichen, um diese Gedankenformen zu erhalten, sodass sie weiterhin ihre geliebten Menschen beschützen.

Auf ähnliche Weise sind viele Familiengeister erschaffen und am Leben gehalten worden; indem eine ständig wiederholte Geschichte und der Glaube an ihre Existenz von Generation zu Generation weitergegeben wurde. Zu dieser Gattung gehören die berühmten historischen Geister, die königliche bzw. adlige Familien vor Tod und Leid warnen. Die vertrauten Familiengeister, die in den Gängen von alten Schlössern an bestimmten Jahrestagen wandeln, gehören gewöhnlich auch zu dieser Gattung, wenn auch nicht immer.

Viele Geisterhäuser werden auf diese Art erklärt, so wie auch der Geist von jedem »ausgetrieben« werden kann, dem die Gesetze der Gedankenformen vertraut sind. Man darf nicht vergessen, dass diese künstlichen Wesen allein vom Menschen erschaffen werden und ihr Aussehen und ihren Geist von der Gedankenkraft ihres Schöpfers erhalten. Wiederholte Gedanken und Glaubenssätze nähren und stärken diese Wesen, ansonsten vergehen sie mit der Zeit.

Viele übernatürliche Besucher, Heilige, halbgöttliche Wesen usw.

aller Religionen wurden auf diese Art erschaffen und in vielen Fällen durch den Glauben der Anhänger von Kirchen, Gotteshäusern oder Schreinen am Leben erhalten. In vielen Tempeln fernöstlicher Länder wurden die Gedankenformen von kleineren Göttern und Heiligen erschaffen und blieben durch kraftvolle Gedanken wie Gebete, Opfergaben und Zeremonien durch viele Jahrhunderte lebendig. Diejenigen, die an diese Kräfte glauben, werden in Einklang mit ihren Schwingungen gebracht und somit Gutes oder Böses bewirken.

Die Kraft der Teufel indigener Völker – von denen einige praktisch Teufelsanbeter sind – entsteht auf die gleiche Art und Weise. Auch in der frühen Geschichte der westlichen Religionen findet man viele Hinweise auf das Erscheinen des Teufels und seines teuflischen Werks. Hexen, diabolische Wesenheiten usw. – all das waren durch Gedanken erschaffene Entitäten. Zauberei, schwarze Magie usw. ist auf diese Weise entstanden, wobei der Glaube natürlich eine große Rolle bezüglich des Ausmaßes spielte. Die Voodoo-Praktiken aus Afrika und später Martinique sowie die Kahuna-Praktiken aus Hawaii basieren auf den gleichen Prinzipien.

Die Wirkungen von Zauber bzw. Zaubersprüchen sind den gleichen Gesetzen unterworfen wie die Wirkungen des Glaubens. Auch gewisse Formen sogenannter »Geister«, die bei bestimmten Arten spiritistischer Séancen herbeigerufen werden, entspringen diesem Prinzip und waren zu keiner Zeit Mensch. Das Verstehen dieser Ursachen hilft bei der Interpretation vieler rätselhafter psychischer Erscheinungen.

Rückkehr des Geistes

Nichts von dem, was ich gesagt habe, soll als Leugnen der Realität und Gültigkeit dessen angesehen werden, was die westliche Welt unter »Rückkehr des Geistes« versteht. Andererseits bin ich absolut vertraut mit Vorfällen, bei denen körperlose Seelen tatsächlich in das irdische Leben zurückgekehrt sind. Doch gleichzeitig ist mir und allen anderen fortgeschrittenen Okkultisten bewusst, wie groß die Zahl der Irrtümer in dieser Kategorie psychischer Erscheinungen sein kann. Schatten und sogar astrale Hüllen werden zu oft mit geliebten Verstorbenen verwechselt. Noch einmal, viele scheinbar echte »Geistformen« sind nicht mehr als halblebendige, von Gedankenkraft erschaffene künstliche Wesen, wie ich sie gerade beschrieben habe.

Viele Medien sind wirklich hellsichtig und imstande, unbewusst und bis zu einem gewissen Grad die Akasha-Chronik für Informationen aus der Vergangenheit abzurufen, anstatt die Verbindung zu einer körperlosen Seele herzustellen – oftmals in aller Ehrlichkeit und gutem Glauben. Der Okkultismus leugnet die Erscheinungen des modernen westlichen Spiritualismus nicht, sondern versucht lediglich seine wahre Natur zu erklären. Einiges bestätigt er und bei anderen Dingen hebt er die wahre Natur hervor. Der Okkultismus sollte von allen wahren Spiritualisten als Verbündeter betrachtet werden.

Astrales Sehen

Es darf nicht angenommen werden, dass einem das astrale Sehen plötzlich und in vollem Umfang zufällt. Hierbei handelt es sich in den meisten Fällen eher um eine langsame graduelle Entwicklung. Viele Menschen besitzen die Fähigkeit in geringem Maße und entwickeln sie nicht weiter, weil sie keine entsprechende Anleitung erhalten. Viele Menschen haben gelegentlich Zugang zu ihr und manchmal gar keinen. Viele »fühlen« die astralen Schwingungen eher, als dass sie mit der astralen Sehkraft sehen können. Andere erreichen einen Grad des astralen Sehens durch das Anstarren eines Kristalls o. Ä. Das, was man häufig als »übersinnliches Sehen« oder »übersinnliches Fühlen« bezeichnet, ist eine Form des astralen Sehens oder Fühlens. Psychismus ist in allen Fällen mit astralen Erscheinungen verbunden.

In diesem Handbuch habe ich dir in ein paar Zeilen die der astralen Ebene zugrunde liegenden Fakten näher gebracht. Ich habe viel Information auf wenig Raum untergebracht, sodass du meine Worte sorgfältig lesen und studieren musst, um die gesamte Bedeutung zu erfassen. Tatsächlich handelt es sich hierbei nicht um ein Buch, das man komplett liest und zur Seite legt. Stattdessen sollte man es immer wieder lesen und studieren, bis die gesamte Essenz verinnerlicht wurde.

Die flüchtigen Eindrücke einer Reihe von Unterebenen der Astralwelt sollen dir eine allgemeine klare Vorstellung von vielen anderen Schauplätzen auf dieser großen Ebene geben. Denk daran, dass diese Schauplätze typischerweise von jedem fortgeschrittenen Okkultisten erlebt werden können, der in der Lage ist, auf diesen Ebenen zu reisen. Du selbst kannst es überprüfen, wenn du so weit bist, auf diesen Ebenen zu sehen. Die Beschreibungen sind eher unter- als übertrieben. Die erstaunlichsten und spektakulärsten Schauplätze wurden allesamt ausgelassen, da ich diejenigen, die die Sensation suchen, nicht anziehen möchte. Meine Arbeit dient dem ehrlichen Schüler allein.

Benutze dieses Handbuch, um viele Rätsel zu entschlüsseln und nicht um dir in einer Mußestunde die Zeit zu vertreiben. Hab keine nutzlosen Stunden. Versuch nicht, Zeit totzuschlagen. Sei ein ernster, aufmerksamer Okkultist und entfalte und entwickle dich, während du auf deinem Weg voranschreitest. Schau nach vorne, nicht nach hinten! Schau nach oben, nicht nach unten! Hab Vertrauen, keine Angst! Denn in deiner Seele ist ein Funke der göttlichen Flamme, die nicht ausgelöscht werden kann!

William Walker Atkinson

Die moderne Esoterikwelt wäre ohne William Walker Atkinson (1862 – 1932) nicht denkbar. Er war ein modernes, brillantes Universalgenie und ein leuchtender Stern der esoterischen Welt damals wie heute. Mit vielen spirituellen Meistern seiner Zeit persönlich bekannt beschäftigte er sich über mehrere Jahrzehnte hinweg intensiv sowohl mit den östlichen Yoga-Lehren als auch mit christlicher Mystik, den Rosenkreuzern, der Gnosis und der Hermetik.

Als ein »Leonardo da Vinci der modernen Spiritualität« verband er diese unterschiedlichen Geistesströmungen miteinander und brachte sie in eine moderne und lebensnahe, dem heutigen Menschen gut verständliche Form. Sein umfangreiches Schaffen ist noch heute von großer Bedeutung, da Atkinson die ewig gültigen spirituellen Gesetze dieser Welt wie kein anderer in klare Worte zu fassen verstand.

Begünstigt durch das Erste Parlament der Weltreligionen 1893 in Chicago entwickelten sich verschiedene spirituell-esoterische Lehren zu einem festen Bestandteil der populären Kultur. Diese Bewegung wird heute »New Thought« genannt, jedoch reicht diese Begrifflichkeit nicht aus, um die Vielschichtigkeit der damaligen Ereignisse und Entwicklungen zusammenzufassen. Es war ein Schmelztiegel, der unterschiedliche Ansätze und Vorstellungen von dem beinhaltete, was man für spirituelle Weisheit hielt. So gab es Autoren und Vortragsredner mit sehr leicht verständlichen Inhalten, die heute weitgehend in Vergessenheit geraten sind. Ganz anders ein William Walker Atkinson, der die wahre Essenz der ewig gültigen spirituellen Weisheiten erfassen konnte. Sein Hauptwerk »Kybalion« ist bis heute unerreicht und zu einer wahren Legende geworden.

KYBALION EDITION
VON DEM EINGEWEIHTEN
WILLIAM WALKER ATKINSON

★ ★ ★

KYBALION – DIE 7 HERMETISCHEN GESETZE
144 Seiten, ISBN 978-3-937392-17-2

Kybalion – Hörbuch auf 4 CDs
300 Min., ISBN 978-3-95659-010-8 und als Download auf **www.aurinia.de**

KYBALION 2
Die geheimen Kammern des Wissens
160 Seiten, ISBN 978-3-943012-70-5

KYBALION 3
Die geheimen Lehren der Rosenkreuzer
272 Seiten, ISBN 978-3-943012-98-9

KYBALION 4
Die 7 kosmischen Gesetze – Das Vermächtnis des Meisters
128 Seiten, ISBN 978-3-943012-73-6

KYBALION 5
Schätze des Neuen Denkens
176 Seiten, ISBN 978-3-95659-024-5

KYBALION 6
Mystisches Christentum – Die geheimen Lehren des Meister Jesu
272 Seiten, ISBN 978-3-95659-038-2

WILLIAM WALKER ATKINSON

WEITERE TITEL DES GROSSEN MEISTERS

DIE KUNST DES GEISTIGEN HEILENS
Spirituelle, mentale und körperliche Heiltechniken
144 Seiten, ISBN 978-3-95659-013-9

DIE ASTRALWELT
Reisen durch die feinstofflichen Welten
96 Seiten, ISBN 978-3-943012-13-2

DIE ASTRALWELT - HÖRBUCH
Reisen durch die feinstofflichen Welten
140 min., 2 CDs, ISBN 978-3-943012-09-5

WEITERE TITEL IN VORBEREITUNG!

Thorwald Dethlefsen

Der Diplompsychologe und Psychotherapeut Thorwald Dethlefsen (geb. 1946) wurde durch seine Bestseller »Krankheit als Weg« und »Schicksal als Chance« einem Millionenpublikum bekannt. Er entdeckte das zentrale Grundmuster, das hinter dem Schicksal eines jeden Menschen steht: Der Mensch lebt in der Polarität und agiert zwischen Schuld und der Sehnsucht nach Ganzwerdung. Er kann die Erlösung aber nur dann erreichen, wenn er lernt, den Weg nach innen zu gehen.

Dethlefsen widmete sein gesamtes Leben der Aufgabe, diesen Entwicklungsprozess für jeden Menschen einsichtig und gangbar zu machen. Er steht damit zuvorderst in der Tradition der größten Weisheitslehrer unserer Zeit.

Thorwald Dethlefsen verstarb Ende 2010 glücklich im Kreise seiner Angehörigen. Der Aurinia Verlag veröffentlicht sämtliche Vorträge und die derzeit vergriffenen Werke dieser außergewöhnlichen Persönlichkeit in einer neuen, von den Angehörigen autorisierten Edition.

Für News, Hör- und Leseproben besuchen Sie bitte unsere Webseite unter www.thorwald-dethlefsen.de

THORWALD DETHLEFSEN

Die legendären Vorträge
voll Weisheit und Inspiration

Als Buch und digital remastered auf CD und als MP3-Download

01| Selbsterkenntnis – Der Weg zur Bewusstwerdung
ISBN 978-3-95659-531-8   1 CD · 80 Min · ISBN 978-3-95659-501-1

02| Homöopathie als Urprinzip – Heilung durch das Resonanzgesetz
ISBN 978-3-95659-532-5   2 CDs · 85 Min · ISBN 978-3-95659-502-8

03| Polarität und Einheit – Urwissen der Menschheit
ISBN 978-3-95659-533-2   2 CDs · 90 Min · ISBN 978-3-95659-503-5

04| Vom Blei zum Gold – Alchemie als Weg zur Persönlichkeitsverwandlung
ISBN 978-3-95659-534-9   2 CDs · 90 Min · ISBN 978-3-95659-504-2

05| Das Wort ward Fleisch – Leben mit dem Analogiegesetz
ISBN 978-3-95659-535-6   2 CDs · 90 Min · ISBN 978-3-95659-505-9

06| Altes und neues Weltbild – Schattenarbeit, Homöopathie, Karma: Fragen & Antworten
ISBN 978-3-95659-536-3   2 CDs · 100 Min · ISBN 978-3-95659-506-6

07| Die spirituelle Bedeutung von Weihnachten – Das innere Licht wird geboren
ISBN 978-3-95659-537-0   2 CDs · 100 Min · ISBN 978-3-95659-507-3

08| Gedanken zum Ostermysterium: Wie im Himmel, so auf Erden – wie oben, so unten
ISBN 978-3-95659-538-7   2 CDs · 100 Min · ISBN 978-3-95659-508-0

09| Ödipus der Rätsellöser – Die Erlösung der menschlichen Seele
ISBN 978-3-95659-539-4   3 CDs · 180 Min · ISBN 978-3-95659-509-7

10| Prometheus – Schuld, Sünde und Einheit im menschlichen Dasein
ISBN 978-3-95659-540-0   2 CDs · 90 Min · ISBN 978-3-95659-510-3

THORWALD DETHLEFSEN
Die legendären Vorträge
voll Weisheit und Inspiration
Als Buch und digital remastered auf CD und als MP3-Download

11| Krankheit als Weg – Praxis der ganzheitlichen Heilung
■ ISBN 978-3-95659-541-7   ⊘ 2 CDs · 140 Min · ISBN 978-3-95659-511-0

12| Krankheitsbilder – Praktische Symboldeutung
■ ISBN 978-3-95659-542-4   ⊘ 2 CDs · 140 Min · ISBN 978-3-95659-512-7

13| Krankheit, Schicksal, Heilung – Transformation durch die Gesetze des Lebens
■ ISBN 978-3-95659-543-1   ⊘ 1 CD · 60 Min · ISBN 978-3-95659-513-4

14| Astrologie und Schicksal – Meisterschaft durch Urprinzipien
■ ISBN 978-3-95659-544-8   ⊘ 1 CD · 75 Min · ISBN 978-3-95659-514-1

15| Astrologie als Symbol – Praktische psychologische Typenlehre
■ ISBN 978-3-95659-545-5   ⊘ 1 CD · 75 Min · ISBN 978-3-95659-515-8

16| Esoterik – Der Weg zur Selbstwerdung
■ ISBN 978-3-95659-546-2   ⊘ 1 CD · 70 Min · ISBN 978-3-95659-516-5

17| Reinkarnationstherapie I – Transformation meines Schattens
■ ISBN 978-3-95659-547-9   ⊘ 1 CD · 75 Min · ISBN 978-3-95659-517-2

18| Reinkarnationstherapie II – Das Buch des Lebens
■ ISBN 978-3-95659-548-6   ⊘ 2 CDs · 90 Min · ISBN 978-3-95659-518-9

» **Gold Edition – Sämtliche Vorträge im Set**
⊘ 31 CDs · 29 Stunden · ISBN 978-3-95659-520-2

» **Auch im Internet als MP3-Download erhältlich !**
Besuchen Sie unseren Shop auf www.aurinia.de

DER MAGISCHE
FINDHORN GARTEN

★　★　★

GESPRÄCHE MIT ENGELN, ELFEN
UND NATURGEISTERN

Vor über 50 Jahren geschah ein Wunder in den windgepeitschten und unfruchtbaren Sanddünen im hohen Nordosten Schottlands. Auf einem kleinen Areal mit ertragsarmem Boden wuchsen rund um einen neun Meter langen Wohnwagen die wunderschönsten Blumen und Obst und Gemüse von enormer Größe. Mit einem absoluten Glauben an die Kunst der Manifestation folgten Eileen und Peter Caddy zusammen mit ihrer Freundin Dorothy Maclean mit Hingabe der Führung Gottes und schufen an diesem Ort ein Heim mit einem magischen Garten. Sie lernten die Naturgeister und Devas zu kontaktieren und mit ihnen zusammenzuarbeiten. Das machte das Unmögliche möglich, und das mittlerweile weltbekannte Findhorn-Phänomen war geboren.

Der Garten wuchs und inspirierte eine biologisch orientierte Landwirtschafts-Initiative, die nun über 200 Menschen ernährt. Hier wird Studenten das Erlebnis zuteil, ökologischen Anbau in Übereinstimmung mit der Natur zu betreiben.

Dieses Buch ist eine Einladung, mit den Wesen der unsichtbaren Reiche - den Naturgeistern, Engeln und Devas - zusammenzuwirken. Verbinden wir uns mit anderen Menschen über den gesamten Planeten und verwirklichen eine neue Lebensart gegründet auf sozialen, spirituellen und ökologischen Werten, die umweltverträglich sind und das Leben der Großen Mutter Gaia fördern.

240 Seiten, Paperback, 23 x 21 cm, vollfarbig
ISBN 978-3-95659-004-7

DIE KUNST DES GEISTIGEN HEILENS

★ ★ ★

VON DEM EINGEWEIHTEN
WILLIAM WALKER ATKINSON

HEILUNG & SELBSTHEILUNG
DURCH SPIRITUELLE, MENTALE UND
KÖRPERLICHE HEILTECHNIKEN

»Wie der Mensch in seinem Herzen denkt, so ist er.«
(William Walker Atkinson)

HEILUNG – das heißt Ganzwerdung und umfasst Körper und Seele, Herz und Denken. Der Autor des legendären »Kybalion« erklärt detailliert spirituelle, mentale und körperorientierte Heiltechniken, deren praktische Anwendungsformen sowie zahlreiche Übungen und Methoden zur Selbstheilung und der Heilung anderer: Prana-Heilung, die Heilkraft des Yoga durch einfache Atemtechniken, Heilung durch Gedankenkraft, Spirituelle Heilung u.v.m.

Es gibt viele subtile Kräfte und Energieformen in der Natur, die für alternative Behandlungen und naturnahe Heiltechniken eingesetzt werden können. Alles ist Energie, alles ist Geist. Wir leben in einem riesigen Energiefeld und sind selbst ebenso eines, wie uns die moderne Quantenphysik zeigt. Die geistigen Prinzipien des Universums und die ewig gültigen überlieferten Gesetze des Körpers müssen wieder in Einklang und in Balance gebracht werden.

Wir alle wissen, das jede Form, jedes Leben und die Materie selbst eine Energiefrequenz ist. Alles ist in Schwingung und alles reagiert auf Energie mit Resonanz. Auf den verschiedenen Ebenen wirkt daher jede Energie anders. Heilung heißt, diese Energien wieder in Harmonie zu bringen.

ÉLIPHAS LÉVI

7 MEISTERWERKE DER MAGIE

★ ★ ★

ORIGINAL-ILLUSTRATIONEN
IN AUTHENTISCH RESTAURIERTER QUALITÄT
DIE ORIGINAL-INHALTE UNVERFÄLSCHT

»Transzendentale Magie – Dogma und Ritual«
536 Seiten, ISBN 978-3-937392-68-4

»Der Schlüssel zu den großen Mysterien«
268 Seiten, Paperback, ISBN 978-3-937392-70-7

»Die Geschichte der Magie«
536 Seiten, Paperback, ISBN 978-3-937392-65-3

»Das Buch der Weisen«
128 Seiten, Paperback, ISBN 978-3-937392-69-1

»Einweihung in die Hohe Magie und Zahlenmystik«
332 Seiten, Paperback, ISBN 978-3-937392-66-0

»Das große Geheimnis«
248 Seiten, Paperback, ISBN 978-3-937392-79-0

»Die salomonischen Schlüssel«
ca. 120 Seiten, Paperback, ISBN 978-3-943012-01-9

WALTER E. BUTLER
PRAXISBÜCHER DER MAGIE

★ ★ ★

DAS MAGISCHE GESAMTWERK IN 8 BÄNDEN

Cheiro

Cheiro ist das Pseudonym eines der herausragendsten Okkultisten, Seher, Numerologen und Chirologen der vorletzten Jahrhundertwende. Graf Louis Hamon reiste bereits in sehr jungen Jahren in den Nahen und Fernen Osten, um dort gleichsam an den Quellen der okkulten Tradition Weisheiten und die mystischen Lehren der Hindus, Ägypter, Muslime und anderer Kulturen und Religionen in sich aufzunehmen. Zutiefst berührt von seinen Entdeckungen kehrte er in dem Bewusstsein ins Abendland zurück, dass er kostbare Schätze des Geistes gefunden hatte, die für jeden denkenden Menschen auf der Welt von unschätzbarem Wert waren. Wie recht Graf Hamon damit hatte, ist allein durch die Tatsache bewiesen worden, dass er in sehr kurzer Zeit in drei Kontinenten bekannt wurde.

Von vielen gekrönten Häuptern Europas, von Staatspräsidenten und Industriellen wurde er gebeten, persönlich zu kommen, um ihnen chirologisch, astrologisch und numerologisch zu raten und zu helfen. Denn Cheiro alias Hamon beherrschte die Kunst der Numerologie vollendet und seine Erfolge auf diesem Gebiet grenzten ans Wunderbare. Aber auch die Astrologie zog er stets mit ebenfalls größtem Erfolg heran, um das Wesen und die Schicksalsentwicklung seiner Klienten zu deuten und zu offenbaren.

Abstammung und materieller Status seiner Klienten spielten für Graf Hamon keine Rolle, er war für jeden Ratsuchenden da.

»Numerologie – Das Geheimnis der Zahlen«
168 Seiten, ISBN 978-3-943012-71-2

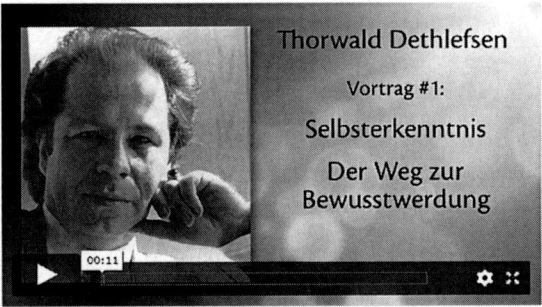